KB252844

빛이 스며들던 하루들

글. 임민하 · 그림. 예드

반달뜨는꽃섬

빛이 스며들던 하루들

추천의 말

평범하지만 사랑스러운 민하는 믿음의 성장기를 온전히 나며 하나님 앞에서 진실한 자아를 마주하고, 그 과정 속에서 겪한 성령의 위로와 감동을 자연스레 깨닫고 있다고 느껴졌습니다.

책 속에 담긴 이야기들은 우리 모두가 살아가며 마주하는 신앙의 여정을 대변하는 것 같았어요. 일상 가운데에서 때로는 웃음으로, 그리고 때로는 침묵 속에서 하나님을 찾고 선한 영향력을 끼치는 공동체의 이야기가 녹아 있어, 민하를 공감하며 자연스레 저의 삶과 신앙도 돌아보게 되었습니다.

누구나 충분히 겪을 수도 있는 상황에서의 공감을 세심하게 풀어낸 덕분에 내용이 술술 잘 읽혔는데, 특히 "비"에서는 1년에 한 번 모이는 전국 대학생 집회의 순간의 벅차오름과 감동을 책을 통해 다시금 상기시킬 수 있어서 읽는 내내 마음 한편이 따스했습니다.

민하의 값진 경험과 고백들을 따라가다 보면, 하나님께서 우리 각자의 인생 가운데 어떻게 일하시는지를 더 분명히 깨달을 수 있고, 인간의 한계 앞에서도 하나님의 계획은 결코 멈추지 않으며, 모든 상황 속에서 결국 그분의 영광으로 연결되어 있는 것 같다는 생각이 듭니다.

과거와 달리 시대가 많이 변했음에도 불구하고, 하나님을 예배하고 그의 길을 따라 살아가는 우리 모두가 되었으면 좋겠다고 생각하며 책을 완독하였습니다. 귀한 그림일기를 출판해 주신 작가님께 감사의 말씀을 전합니다.

강지혜

목차

1. 봄빛이 스며들던 하루들

제목: 가방

벗꽃이 만개한 캠퍼스는 눈이 부실 정도로 아름다웠다. 하지만 벚꽃의 꽃말은 중간고사라 했던가? 선배들의 농담인 줄만 알았던 드립이 처음으로 현실이라는 것을 깨달았다. 그렇다. 나는 첫 시험이라는 것을 앞둔 새내기 대학생이다. 처음은 언제나 설레는 것이라던데, 벚꽃이 만개한 캠퍼스에 유리창 하나 보이지 않는 도서관 구석 자리에서 설렘이라고는 조금도 찾아볼 수 없는 묵직한 전공 서적과 씨름하

는 내 모습이 조금 처량해 보이기까지 한다. 심지어 같이 공부 좀 하고 가자고 나를 불러 앉힌 지희는 아까부터 32p를 펴놓고 핸드폰만 하고 있다. 가족 톡방이 있다나 뭐라나……. 뭐가 그렇게 재미있는지 모르겠다.

　　나는 부모님과 사이가 그다지 좋지 않다. 정확히 말하면 친하지 않다. 고등학생 때 진학의 문제로 심하게 다툰 이래로 서로 각자의 삶에 관섭하지 않기로 했다. 아빠는 매일 술을 마셨다. 하지만 드라마에 악역을 담당하는 폭력적인 분은 아니다. 다만, 금방 취하셔서 가족 모두를 자주 귀찮게 했다. 그런 아빠의 모습이 꼴사나워 술을 끊어달라 몇 번을 말했으나 변하는 건 없었다. 때마침 다투기도 한 탓에 술에 관한 이야기는 일절 하지 않기로 했다. 그러다 보니 아빠랑은 할 이야기가 없어졌다. 엄마는 나에게 교회에 가라고 주말마다 말했다. 엄마에게 있어 종교는 중요한 부분이었다. 하지만 나는 종교가 스스로 마음을 다잡고, 생각을 정리하는 역할 그 이상 그 이하도 아니었다. 매주 권하면 못 이긴 척 다닐 법도 한데, 고집 센 나 역시 변한 거 없었으니 엄마로서는 부녀가 쌍으로 꼴값이라고 생각했을지 모르겠다. 마찬가지로 다툰 김에 교회에 관한 이야기도 일절 하지 않기로 했다. 이후에는 엄마와도 할 이야기가 없어졌다. 이 정도면 사이가 안 좋다고 해도 상관없을지 모르겠다.

가족들이랑 시시덕거리는 지희를 두고 머리를 식힐 겸 휴게실로 나왔다. 휴게실은 작았지만, 도서관 구석 자리보다는 아늑했다. 원탁 테이블을 지나 안쪽에 놓인 음료자판기에서 캔 음료를 하나를 뽑았다. 왜인지 모를 갑작스럽게 유행을 탄 음료가 된 코코팜이었다. 지나왔던 원탁 테이블을 끼고 다시 돌아서 화단 앞 의자에 앉아 캔 뚜껑을 땄다. '퐁' 소리와 함께 달콤한 과일 향이 퍼졌다. 고개를 들어 음료를 한 모금 마셨다. 개운했다. 마음을 진정시킨 채 아늑한 공간을 둘러보았다. 눈의 피로가 풀렸다. 한창 여유를 즐기고 있을 때 휴게실에 지희가 따라 들어왔다. 여전히 핸드폰에 머리를 박은 채 앞은 보지 않고 걷고 있었다.

"민하야 나 마실 거 하나만 뽑아주라 가방 열람실에 두고 왔다. 들어가서 줄게"

"넌 온종일 휴대폰만 쳐다보면서 폰에 카드도 하나 등록 안 해뒀냐?"

구시렁거리며 지희에게도 코코팜 하나를 내 교통카드로 뽑아줬다. 지희는 실실 웃고는 나를 따라 내 옆에 앉았다. '톡톡톡' 지희가 캔 음료의 입구를 손톱으로 세 번 쳤다. 탄산 음료도 아닌데 저 행동에 무슨 의미가 있나 싶었다. 그냥 습관처럼 친 것이랴. 지희는 음료를 한 모금 들이키더니 다시 핸드폰을 바라보기 시작했다. 그러더니 갑자기 나에게 자기 화면을 들이대며 물었다.

"어때? 이쁘지!?"

화면 안에는 버건디 레드의 미니백이 있었다. 어디선가 낯이 익다고 했더니 얼마 전 카카오 쇼핑에 올라온 가방이었다. 흰색에 가까운 아이보리 색상도 있었는데, 마음에 들어서 상세페이지를 들어갔던 기억이 떠올랐다. 머릿속에서 스크롤을 내리며 눈을 반짝이던 내 모습이 오버랩되었다.

'어디 보자 가격이……. ~~₩370,000~~ → ₩289,000'

고개를 빠르게 절레절레 흔들자 머릿속에 비치던 화면이 '펑' 하고 터졌다. 신입생에겐 너무 비싼 가방이었다.

"이번에 아빠가 첫 시험 잘 치라고 사줬다!"

멍해 있는 나를 두고 지희가 말을 이었다.

'아빠가? 가방을?'

지희의 말을 이해하는 데에는 시간이 걸렸다. 덕분에 적절한 반응을 해줄 타이밍을 놓치고 말았다. 지희는 아무렴 어떠냐는 듯 다시 핸드폰에 집중하기 시작했다. 참 화목한 가정이다. '아니 근데 보통 시험을 잘 치면 사주는 게 정상 아닌가?'하고 살짝 심술궂은 부러움이 생겼다.

사실 얼마 전에도 지희는 가족들과 함께 영화의 전당에 다녀온 것을 자랑했다. 지희네는 나랑 똑같이 4인 가족이다. 친오빠가 하나 있다. 이야기를 들어보면 친오빠가 맞나 싶을 정도로 자상하다. 대학교 입학 축하한다며 용돈을 쥐여주지 않나, 심지어 영화의 전당을 다녀온 날에 저녁은 친오빠가 샀단다. 그 외에도 지희네 오빠의 미담은 종종 들었다. 이제 막 군대 다녀와서 정신을 차렸다나 뭐라나……. 나한테도 오빠 놈이 하나 있다. 말 그대로 오빠 놈이다. 자상함은 바라지도 않는다. 며칠 전에 노트북 좀 빌려달래서

빌려줬더니 카카오톡 잠금을 안 해놓은 것을 보고 내 친구들에게 이것저것 개수작을 부려놨더라

'하…….'

막 다 끓인 오빠 놈 라면에 차가운 물 한 접시를 들이부어서 복수해 주었다. 오빠 놈이 익룡처럼 소리를 질렀지만, 방문을 걸어 잠그고 무시했다. 정말이지 똑같은 군대를 갔다 왔을 텐데 어쩜 저리 다른지 모르겠다.

그래도 오빠 놈은 가족들이랑 사이가 좋다. 아빠랑은 같이 술 한 잔씩 하면서 분위기도 맞춰주고 지도 취하고……. 엄마랑은 일요일 같이 교회에 간다. 하지만 개인적으로 거머리 같은 이중적인 모습에 나는 오빠 놈이 제일 나쁘다고 생각한다. 교회에 다니는 애들은 술을 안 마신다는데, 오빠 놈은 그러지 않으니 말이다. 그나저나 스무 살이나 되어서 부모님이랑 서먹한 건 나도 철이 없는 건가? 뭔가 갑자기 어리광을 부리고 있는 건 내가 아닐까 하는 생각이 머리를 스쳤다.

'아빠랑 오빠 놈은 모르겠고 엄마랑은 교회만 가면 친해

질 수 있지 않나?'

"지희야 너 기독교 동아리 한댔지? 거기 나도 한번 가보자"

지희가 어리둥절한 표정으로 나를 바라보았다.

"어? 어……. 그래. 알았어."

더 이상 지희는 휴대폰을 쳐다보지 않고 멍텅구리가 된 표정으로 나를 보고 말했다. 저 표정을 사진에 담아야 했는데 아쉽다.

제목: 지우개

"안녕하세요? 여기 서명하나 부탁드립니다!"

"네? 이게 뭔가요?"

"아~ 네, 저희는 대학교에 만연한 커닝을 추방하고자 학생들의 서명을 받고 있어요! 커닝하지 않겠다는 서명입니다!"

"아, 네. 펜 주세요."

"감사합니다. 여기 지우개 드릴게요! 깨끗한 마음으로 시험에 응하시라는 의미에서 드리는 겁니다."

“네, 고맙습니다.”

나는 지금 지희랑 같이 캠퍼스 곳곳을 걸어 다니며 학생들에게 서명받고 지우개를 나눠주고 있다. 기독교 동아리라고 해서 따분한 예배나 성경 공부 같은 것을 할 줄 알았는데, 뭔가 사회단체 같이 운동이란 걸 한다고 한다. 지금 내가 하는 건 ‘커닝 추방운동’이란다. 뭐 공정하고 정직한 사회를 위해서 하는 것이라고 하니 취지도 좋고 나쁘지 않다고 생각한다. 문제는 지금 이러는 동안에도 시간은 흐르고, 오늘이 바로 시험이라는 점이다. 심지어 1시간 뒤다! 아무리 생각해도 다들 미치지 않고서야 이럴 수 없다. 다들이라고 말하는 이유는 우리 말고도 모든 동아리원이 시험 당일 서명을 받고 지우개를 나눠주고 있기 때문이다.

방금까지만 해도 우리를 담당하는 선배가 함께 있었다. 우리 동아리는 신입생이 오면 신입생들이 잘 적응하도록 2~3명씩 묶은 신입생을 한 학년 위의 선배가 담당해서 동아리 생활은 물론 학교생활 등을 전부 도와준다. 심지어 좋은 아르바이트 자리도 소개해주니 이건 뭐 집사가 따로 없다.

나도 2학년이 되면 저렇게 할 수 있을까 걱정이 되는 문화다. 아무튼 방금까지 있던 수진 선배는 함께 지우개를 나눠주다가 시험을 치러 갔다. 이제 우리 둘만 남았고, 우리도 곧 시험을 치러 가야 한다.

선배도 없고 조금이라도 일찍 강의실에 가서 공부라도 하면 좋으련만, 지희는 공부가 하기 싫은 게 분명하다. 세상 좋은 얼굴로 지나가는 사람을 모두 붙잡고 주저리 설명 중이다. 그런 지희에게 붙잡힌 사람이 불쌍하다고 생각했는데, 그들에게는 또 다른 공식이 있나 보다. 좋은 일을 한다며 무슨 동아리냐, 몇 학년이냐 물어보면서 성큼성큼 서명해준다. 대부분 관심을 가지는 사람들은 남자들이었고, 2~3학년 선배들이었다. 아무리 봐도 지희에게 수작을 부리는 것이 분명한데, 그것도 모르고 지희는 동아리에 관심 가져 준다고 좋아서 자기 번호를 뿌리고 있다. 저렇게나 순진해서 참 걱정이다.

"지희야 우리 이제 가야 해. 15분밖에 안 남았어."

마음이 급한 내가 지희를 붙잡고 이야기하자 지희는 그제야 알겠다면서, 마지막 한 명에게까지 번호를 주고 왔다. 강의실로 발걸음을 옮기며 그렇게 번호를 함부로 주면 어떻게 하냐고 지희를 꾸짖었다. 지희는 또다시 세상 좋은 얼굴로 우리 동아리가 알려지면 너무 좋은 일이라고 대답했다. 그리고 충격적인 사실 하나를 더 덧붙였다. 지희가 자기 번호라고 알려준 번호는 자기 번호가 아니고 동아리 위원장 오빠 번호란다. 정직한 사회를 위해 지우개를 나눠줬으면서 눈앞에서 나도 속을 만큼 자연스럽게 거짓말을 했다니 지희도 참 무서운 녀석이다. 역시 붙잡힌 사람들은 남녀 할 것 없이 그냥 불쌍했던 게 맞다.

조용한 강의실에 대학생 첫 시험지가 배부되고 있다. 수진 선배가 교양 시험은 부담 없이 칠 수 있다고 걱정하지 말라며 격려해줬지만 그래도 시험은 시험인지라 책상 위에 뒤집힌 시험지를 바라보니 심장이 마구 뛰었다. 잠시 뒤 시험 시작이라는 소리와 함께 일제히 종이가 뒤집히는 소리가 들렸고, 펜촉이 종이를 긁는 낯선 소리가 공간을 메웠다. 모두 자기 시험에 몰두하여 조금은 숨 막히는 공간이 되었다. 시험 시작 5분 정도 지났을 무렵, 감독으로 들어왔던 조교 선생님이 휴대폰을 들고 밖으로 나갔다. 그러자 주위의 무거운 공기가 깨졌다. 뒤에서 조금은 신경 쓰이는 말소리가 들렸다. 7번에 답이 2번이 아니고 4번이란다. 내 시험지 앞면을 뒤집어 보았다. 4번에 체크되어있다. 정답이다. 말소리는 점점 웅성거림으로 번졌다. 곧 시험장은 쉬는 시간으로 착각될 정도로 시끄러워졌다. 한 칸 건너 옆에 앉은 지희를 쳐다보았다. 지희도 나를 쳐다보았다. 지희랑 눈이 마주쳤다. 서로에게 멋쩍은 미소를 보내고 주위를 둘러봤다. 앞자리 남학생은 손바닥을 보며 무언가를 열심히 적어내고 있다. 그 앞에는 더 심하다. 아예 책을 펼쳐놓고 시험을 치고 있다. 미쳤다. 휴대폰을 들고 나간 조교 선생님은 결국 돌아오지 않았고 시험이 끝날 무렵 교수님이 들어와 시험지를 거두어 갔다. 충격적인 시험이었다.

시험이 끝난 우리는 캠퍼스를 가로질러 교내 카페로 향했다. 수진 선배를 다시 만나서 오늘 운동에 대해 피드백을 하기로 했다. 카페까지 가는데도 우리는 아무런 말을 하지 않았다. 카페에 도착하자 책을 펼쳐놓고 공부하고 있는 수진 선배가 있었다. 선배 앞자리에 앉았다. 선배가 반갑게 인사를 건넸다. 우린 여전히 아무 말 하지 못하고 있었다.

"음료는 시켜놨어, 이거 마셔. 생각보다 커닝이 많았지? 나도 처음에는 조금 충격이었어. 그래도 전공은 확실히 다를 거야."

우리가 계속 말이 없이 음료를 만지작거리자 수진 선배가 우리의 손 하나씩을 꼭 잡아주었다. 따듯한 온기가 전해졌다. 얼어붙은 마음이 조금씩 녹으며 표현하기 힘든 울컥함이 찾아왔다.

"선배, 내일도 '커닝 추방운동'하나요?"

정적을 깨고 내가 물었다. 지희는 이미 분함을 이기지 못해 울고 있었다.

"응, 하지 그런데 네가 지워야 할 건 불의가 아니라 분노인 것 같네. 우리가 지우개를 나눠주는 건 깨끗하지 못한 마음에 대한 질책이 아니라 미처 깨끗이 지울 수 없는 마음에 대한 긍휼이거든"

수진 선배가 책상 위에 지우개를 들어, 내 손에 꼭 쥐여주었다. 내 눈시울도 붉어졌다. 눈물을 참으려 입술을 꽉 깨물었다. 혀에 피 비린 맛이 돌았다.

제목: 케이크

　부산의 5월은 벌써 덥다. 아무도 없는 원룸 남짓한 조그만 공간, 유아실이라 그런지 조금은 비린내가 은은하게 퍼져있다. 유아실답게 장판이 깔려있고, 쿠션이나 담요도 꽤 많은 수량이 한쪽에 잘 정돈되어 있었다. 벽지에는 지우다 못해 결국 포기해버린 아기들의 낙서가 가득했다. 청결함과 지저분함의 어딘가의 경계에 선 공간에서 선풍기는 미

처 고개를 전부 돌리지 못해 '따닥따닥' 소리를 내며 힘겹게 돌아가고 있다.

　나는 지금 지희의 소개를 받아 교회에 CF라는 것에 와있다. Christ Fellowship은 기독교 동아리의 MT 같은 거랬다. 선배님들이랑 금방 친해질 수 있을 거라고 해서 따라왔다. 그런데 무슨 신개념 MT다. 모였는데 갑자기 찬양을 부르더만 기도를 한다. 회장 오빠는 기도하지 못해 한이 맺힌 사람처럼 울면서 큰 소리로 부르짖었다. 처음 보는 모습이라 살짝 무섭기도 했다. 하지만 기도가 끝나자 모두 언제 그랬냐는 듯 원래의 모습으로 돌아왔다. 이 분위기에 적응하는 데에는 아무래도 많은 시간이 걸릴 것 같다.

　유아실 밖에서 다소 소란스러운 대화 소리가 미처 밀폐하지 못한 문틈을 비집고 들어왔다. 신개념 MT의 첫 시간을 보내고 지금은 쉬는 시간이다. 하지만 나는 쉬지 못하고 선하신 간사님께 설교를 듣고 있다. 우리 동아리는 지도교수님 외에 교회에서 파견하는 간사를 둔다. 학생들의 바른 신앙생활을 돕고 지도하기 위함이라고 한다. 선하신 간사님도 교회에서 파견한 간사님인데 이름이 '선하신'이다. 처음에는 이름인 줄 모르고 지희가 이상한 신흥 종교단체에 가입한 줄 알았다.

"그래서 이 죄의 문제를 해결하기 위해 2000년 전에 예수님이 오신 거야."

처음 듣는 거 같기도 하고 어디에선가 한 번쯤은 들은 것 같기도 한 복음이라는 것을 간사님은 열심히 이야기하고 있다. 나는 살짝은 가식적인 '아하하하'라는 추임새를 계속해서 넣고 있다. 여자라면 보통은 이해한다는 '말 걸지 마세요.', '그만 이야기하세요.'라는 뜻의 추임새인데 내 마음을 아는지 모르는지 계속해서 설교 중이다. 선한지 잘 모르겠지만 눈치가 없는 건 확실한 것 같다. 설교가 점점 정점에 다다르고 있는지 간사님은 황홀한 표정을 지었고 목소리 톤도 올라갔다. 독대하고 있는 상황에서 어른을 앞에 두고 졸 수는 없어 최소한의 예의를 지키려고 노력 중이지만, 더운 공기에 이미 노곤해진 몸을 파고드는 졸음을 더는 참을 수 없을 것 같았다.

때마침 문에서 노크 소리가 났다.

　"간사님, 저희 이제 다음 순서 진행해요."

　'수진 언니 나이스!'

　마음속으로 주먹을 불끈 쥐었다. 수진 언니의 이야기에 간사님도 기도만 하고 다음에 이어서 하자며 급하게 복음 전파를 마무리했다. 조금은 길게 느껴진 기도가 끝나고 유아실 방문을 열고 나갔다. 밖은 어두웠다. 동시에 유아실 불도 꺼졌고, 눈앞에 케이크와 함께 촛불 하나가 꽂혀있었다. 누구 생일인가 싶었다. 어디선가 기타 소리가 들렸고, 그 소리에 한목소리로 모두 노래하기 시작했다.

　"아주 먼 옛날 하늘에서는 당신을 향한 계획 있었죠~♪"

　케이크가 점점 내 앞으로 다가온다. 촛불 너머에는 미소 띤 지희의 얼굴이 보였다. 뭔가 잘못되었다. 내 생일은 10월이다. 지희도 모르지 않을 것이다. 생각해보니 내 뒤에 간사님이 계셨다. 간사님 생일임을 확신한 나는 함께 축하하기 위해서 고개를 돌렸다. 간사님도 미소를 띤 채 나에게 손을 뻗고 노래 부르고 있었다. 머릿속이 복잡해졌다. 사람들이 손을 뻗은 방향을 보니 정확히 나를 향하고 있었다. 지희는 내게 왜 이런 시련을 준 걸까? 이 노래가 끝나면 생일 축하해주셔서 감사하다고 해야 하나 아니면 고맙지만 사실 제 생일은 10월이라고 고백해야 하나 고민되었다. 노래가 곧 끝난다. 박수 소리가 들린다. 일단 나는 '후' 불어서 초를 껐다.

"생일 축하해주셔서 감사합니다."

내가 선택한 것은 모두를 실망하게 하지 않는 것이었다. 감사 인사와 함께 고개를 숙였다. 눈가도 살짝 촉촉해져야 하나 생각했다. 잠시 뒤 불이 켜졌다. 주위를 둘러보니 사람들이 모두 얼어있었다. 혹시 내가 당황해서 무슨 말실수를 하지 않았는지 했던 말을 곱씹어 보았다. 자연스러웠다. 정적을 깨고 지희가 웃음을 참지 못하며 말했다.

"네 생일은 10월 15일에 챙겨줄게."

"이건 네 환영 케이크야."

수진 언니도 웃음을 참으며 지희의 말을 이어받아 말했다.

"한 영혼이 돌아오면 하늘에선 잔치를 연대, 하늘에서 잔치를 벌이고 있는데 땅에선 적어도 케이크라도 불어야지.”

　그렇게 전설로 남을 이야기가 오늘 우리 동아리에 새롭게

새겨졌다.

제목: 블루레몬에이드

'덥다!'

이렇게 더운 줄 알았으면 그냥 아프다 하고 동아리방에서 릴스나 볼 걸 그랬다. 5월의 캠퍼스는 유난히 활기가 넘친다. 이제 학교에 적응하기 시작한 신입생들이 삼삼오오 모여 캠퍼스를 누볐고, 단과 별 체육대회도 있는 데다 특별히 대학생만이 누릴 수 있는 축제가 바로 5월에 있다.

축제 기간에 학과에서는 보통 술집을 연다. 우리도 저녁에 포차를 연다고 한다. 그래서 축제의 낮은 동아리에서 주도적으로 운영한다. 운동장을 광장으로 하여 끝에는 무대가 세팅되어 있었고, 음악 동아리가 평소 연습한 실력을 뽐내고 있다. 캠퍼스 길목 곳곳에는 미니게임 부스와 먹거리 부스, 체험 부스, 동아리 소개 부스 등이 줄지어있었다. 와중에는 귀신의 집도 있었다. 재미있을 것 같아 지희랑 2,000원을 내고 체험했는데 햇살이 암막 커튼을 뚫고 세어 들어왔고 귀신은 선캡을 쓰고 있었다. 참으로 신박한 체험이었다.

우리 동아리는 블루레몬에이드와 커피를 팔았다. 대용량을 구매해서 조그마한 비닐 팩에 담아 스트로우를 꽂아주고 1,500원씩 받았다. 사영리 퀴즈를 도전해서 맞춘 사람에게는 1,000원만 받았다. 대용량 한 봉에 30~40개 정도의 비닐 팩에 담겼는데, 대용량이 5,000원이 채 되지 않았다. 누가 봐도 말도 안 되는 이 단가에 아무도 음료를 사지 않을 거로 생각했으나, 미리 준비한 200팩 이상의 음료가 벌써 얼마 남지 않아 회장 오빠는 나랑 지희를 남겨두고 음료를 사러 갔다. 회장 오빠가 자리를 뜨자 내가 파라솔 아래 앉아서 좀 쉬자고 했다. 하지만 지희는 자기는 괜찮다며 이번에도 세상 좋은 얼굴로 열심히 판촉하고 있다. 멍하니 지희를 바라보며 성격 참 좋다고 생각했다. 마찬가지로 가끔 이상한 놈들이 지희 번호를 물어봤고, 지희는 밝은 미소로 자기 번호라며 회장 오빠 번호를 불러주었다. 전문 사기단이 따로 없다.

"저기……. 혹시 이거……."

지희가 판촉하면서 혹시 이상한 사람에게 해코지는 당하지는 않을까 쓸데없는 걱정을 하고 있었는데 뒤에서 낯선 목소리가 들렸다. 목소리는 살짝 떨렸고 작았으나 손으로 어깨를 툭툭 치는 바람에 화들짝 놀라 뒤를 돌아보다 자빠질 뻔했다. 못 보던 실루엣에 고개를 들어 얼굴을 바라보았다. 잠시 생각해보았지만, 자세히 보아도 못 보던 얼굴이다. 대답하려 하는데 갑자기 손에 든 꽃 모양 솜사탕을 내게 내밀었다. 나도 얼떨결에 그냥 받았다. 정신을 차리고 이게 뭐냐고 솜사탕 건너의 남성에게 물어보려는데 솜사탕 건너에는 아무도 없었다.

'응?'

좌우로 고개를 돌려 남성을 찾아봤지만 결국 찾을 수 없었고 지희랑 눈이 마주쳤다. 지희가 의아한 표정을 지으며 내게로 다가왔다.

"뭐야? 솜사탕은 대체 언제 산 거야?"

지희가 수상하다는 듯이 물어보며 옆자리에 앉았다. 솜사탕 안에 있던 조그마한 쪽지는 뽑아서 주머니에 욱여넣고 난 뒤였다.

"아~ 방금 저기 위에……. 맛있어 보이길래! 먹을래?"

말하는 내가 들어도 너무 어색한 말투였다. 하지만 지희는 많이 힘들었는지 눈치채지 못한 것 같다.

"아냐, 됐어. 더운데 끈적하게 무슨 솜사탕이야."

지희는 더 이상 솜사탕에 관해 물어보지 않았다. 나는 어색하게

'그……. 그렇지?'라고 대꾸하고 솜사탕을 조금 뜯어 입 안에 넣었다. 달콤했다.

해가 저물어 하늘은 노을이 지기 시작했다. 축제는 이제

제 2막을 준비하고 있었다. 줄지어있던 부스는 대부분 정리되었고, 그 자리에는 포차가 하나 둘 자리하기 시작했다. 우리 동아리도 이제 부스 정리를 위해 한 곳에 모였다. 진짜 말도 안 되게 장사가 너무 잘 되어서 50만원 가까이 벌었다고 한다.

"자! 여러분 고생했습니다! 우리 오늘 대성공입니다. 순수익 40만 원 넘게 달성했습니다!"

회장 오빠가 모두가 들을 수 있게 손뼉을 치며 이야기했다. 예상치 못한 어마어마한 수익에 모두 박수치며 환호했다. 나 또한 예상하지 못한 수익에 감탄을 금치 못했다. 보통 수익은 동아리 공금으로 편입되는데 우리 동아리는 고생한 개인에게 수익을 배분하는 획기적인 방식을 채택한다고 했다. 나야 뭐 한 것이 없다고 하지만 지희의 판촉 실력에는 모두 엄지를 치켜세웠으니 아무리 못해도 1/n은 받을 것이다. 적지 않은 돈이다. 나중에 지희에게 맛있는 거 사달라고 해야겠다.

"그럼 이제 수익 배분하겠습니다. 오늘 수익은 MVP에게 몰아주겠습니다."

여기저기서 일제히 '오~'하는 감탄사가 길게 울렸다.
MVP는 100% 지희다. 절대 반론의 여지가 없다. 지희
랑 맛있는 게 아니고 여행을 한 번 갈 수도 있겠다. 맥박이
빨리 뛰고 심장이 두근거렸다. 그리고 가슴 한쪽에는 지희
의 친구라는 자랑스러움과 뿌듯함이 일렀다.

"오늘 MVP는 바로! 민하!"

박수갈채가 쏟아졌다. 회장 오빠가 봉투를 들고 내게 다
가오고 있다. 오늘도 뭔가 이상하다. 모두 나를 보며 박수를
계속 치고 있지만, 머릿속이 하얘져서 소리가 희미하게 번
졌다. 나는 정말 한 게 없다. 지희처럼 판촉하지도, 회장
오빠처럼 물품 공수를 하지도, 수진 언니처럼 사영리 교육을
한 것도 아니다. 심지어 모두가 부스 설치를 도울 때 난 지희
랑 귀신의 집에 있었다. 회장 오빠가 봉투를 내 손에 쥐여
주며 소감을 한마디 하라고 했다.

"어……. 감사합니다? 그런데 전 정말 한 게 없어요. 제
가 아닌 거 같은데……. 저는 이거 못 받을 것 같아요."

봉투를 다시 회장 오빠 쪽으로 내밀었지만, 회장 오빠는
받지 않았다. 주변에서 받으라는 의미의 '에이~' 하는 야

유의 소리가 길게 늘어졌다. 내가 계속 우왕좌왕하자 수진 언니가 봉투를 낚아채 내 허리춤에 있는 미니 가방에 넣었다. 다시 한번 박수 소리가 공기를 메웠다.

노을도 밀려나고 땅거미가 질 무렵, 모두 돌아가고 수진 언니랑 둘이 남았다. 도저히 내가 수익금을 전부 받을 수 없어 수진 언니를 통해 돌려주려고 잠시 남아달라고 부탁했다. 우리 부스가 있던 곳에도 포차가 들어서서 꽤 시끄러운 공간이 되었다. 수진 언니는 이야기를 듣기 적절한 공간이 아니라 생각했는지 조용한 곳으로 가서 이야기하자고 했다. 우리는 남은 블루레몬에이드를 하나씩 손에 들고 걸었다.

"언니, 저 이거……. 제가 왜 MVP가 됐는지 모르겠어요. 저 진짜 한 게 없어서 이거 받을 수가 없어요. 언니가 대신 좀 전해주면 안 돼요?"

주변이 조용해지자 내가 봉투를 꺼내며 조심스럽게 이야기했다. 수진 언니는 미소를 띠고 옆 건물을 가리키며 대답했다.

"이 건물 1층에 '가시고기'라는 동아리가 있어. 우리 학교 장애인 권리 보장을 위해 일하고, 나아가 우리 지역 장애인복지관 운영을 지원하고 봉사하는 곳이야. 우린 너를 MVP로 선정했는데 네가 정말 한 게 없다고 하니 우리 동아리 이름으로 기부하는 건 어때? 네 선택이면 모두 존중하고 좋아할 거야."

들고 보니 일리가 있는 말이다. 수익금을 돌려주면 수진 언니 입장도 편하지는 않을 것이다. 어쩌다 보니 내 손에 들어온 돈이고 내가 선택한다면 이 돈으로 여행을 가든 기부를 하든 상관하지 않을 것이다. 그리고 사실 내 돈이 아니니 동아리 이름으로 기부하면 내 마음도 편해질 것 같았다.

"어, 그래도 돼요? 그럼 그렇게 할게요."

봉투를 꺼내 든 손에 힘이 들어갔다.

"그런데 언니, 여기에 기부해 보셨어요? 뭐라고 하면서 줘야 해요? 같이 들어가면 안 돼요?"

"안에 들어가면 복지사 쌤 있는데 우리 동아리 이름 대면서 축제 수익금인데 기부하고 싶어서 왔다고 하면 돼. 괜찮아 혼자 할 수 있어."

수진 언니가 방문을 노크하고 나를 밀어 넣었다.

방 안은 아담했고 따뜻한 향기가 났다. 수진 언니가 말했던 복지사 선생님은 보이지 않았다. 조심스럽게 발걸음을 내디디며 "안녕하세요?"라고 빈 공간에 말을 걸었다. 안쪽에서 복지사 선생님으로 추정되는 여성분이 나왔다. 어서 오라며 마중의 말과 함께 자기소개도 잊지 않았다. 수진 언니의 조언대로 동아리 이름을 이야기하고 축제 수익금을 건넸다.

"어떻게 매년 이렇게 거저 받아도 되나 모르겠네요. 너무 고맙습니다! 정말 잘 쓰겠습니다."

복지사 선생님이 감사의 인사를 전했다. 그리고는 언제 준비했는지도 알 수 없는 차를 금세 내어 왔다. 밖에는 수진 언니가 기다리고 있을 텐데 길어지는 건 아닌지 살짝 걱정되었다.

"밖에 이번에는 수진이가 있나요? 수진아! 너도 거기 서 있지 말고 들어와라."

복지사 선생님이 소리가 밖에까지 울렸는지 문이 살짝 열렸고 그 틈으로 수진 언니가 인사를 하며 들어왔다. 복지사 선생님은 수진 언니에게 내 옆자리를 권했고, 수진 언니가 내 옆에 앉자 복지사 선생님은 차를 따라주며 말했다.

"어째 너랑 똑같은 애를 데려왔어. 작년에 너도 이런 표정이었는데."

차를 마시며 우리는 많은 이야기를 했다. 그리고 가시고기가 만들어지고 20년 동안 한 해도 빠짐없이 우리 동아리 수익금은 모두 기부되었다는 이야기도 들었다. 놀라지 않을 수 없는 역사였다. 그런 우리의 방식은 세상 가운데 빛났다. 그 빛의 한 줄기로써 내가 있을 수 있다는 것이 너무나도 자랑스러웠다.

제목: 참치캔

건물에서 나왔더니 밖은 벌써 어두워져 있었다. 하지만 캠퍼스는 포차가 늘어져 있어 낮보다 더욱 빛났다. 소란스러운 캠퍼스에는 벌써 취해서 비틀거리는 사람도 있었다. 모처럼 처음 경험하는 축제니까 수진 언니가 둘러보고 가자고 했다. 나도 축제에 대한 기대가 있었기에 수진 언니의 제안이 되레 고마웠다. 어디부터 돌아야 할지 몰랐는데 수

진 언니가 우리 과를 가보자고 했다. 우리 과에는 지금 지희가 한창 서빙을 하고 있을 거라 반겨줄 것이다. '가시고기'가 있던 건물에서 우리 과 포차까지는 거리가 조금 있어 우리는 자연스럽게 축제의 밤을 둘러보게 되었다. 축제라고 해서 뭐 특별한 게 더 많을 줄 알았는데 어딜 가나 똑같은 모양에 똑같은 음식들을 파는 포장마차가 쭉 늘어져 있었다. 그럼에도 불구하고 뭐가 다른지 모를 포차를 이리저리 돌아다니며 '2차를 가자', '3차를 가자' 하면서 한껏 신이 난 학생들이 도처에 널려있었다.

저 멀리서 지희의 모습이 보이기 시작했다. 분명 서빙을 한다고 들었는데, 테이블 위에 버너를 올리고 적당히 박스로 파티션을 만든 간이 주방에서 지희가 앞치마를 입고 프라이팬 앞에서 고군분투를 하고 있다. 인사를 하려고 했는데 우리를 보진 못한 것 같다. 대신에 다른 선배가 반기며 자리를 안내했다. 우리는 적당히 파전과 오뎅탕을 하나 시켰다. 시원하게 맥주도 한 병 시킬까 물어봤는데 수진 언니는 술을 안 마신다고 했다. 나 혼자 마시기도 뭐해서 우리는 시원한

콜라를 시켰다. 잠시 뒤 지희가 파전을 한 접시에 담아 들고 오면서 우리를 반겼다.

"어머, 언니도 왔네요!?"

지희가 조금은 놀란 목소리로 말하며 옆자리의 빈 의자를 끌어와 앉았다. 이어서 주문을 받았던 선배가 오뎅탕 한 사발과 마른오징어를 테이블에 올려주며 서비스라고 이야기하고 갔다. 음식을 먹으려고 나무젓가락을 뜯자 갑자기 수진 언니가 대표 기도를 하겠다며 우리를 절제시켰다. 왼쪽에는 술 게임에 정신 산만한 테이블이 있었고, 오른쪽에는 술에 취해 서로의 목소리가 들리지 않는지 고래고래 소리를 지르는 사람이 있는 테이블이 있었다. 그 사이에서 기도라니 참 아이러니 했다.

살짝은 민망한 기도의 시간이 오늘따라 더욱 길게 느껴졌다. 주변에서 우리를 바라보고 있는 것 같은 시선이 느껴졌다. 견디지 못해 실눈을 뜨고 주위를 둘러보았다. 아무도 우리를 신경 쓰지 않고 있었다. 그럼에도 민망한 시간은 끝나지 않았다. 잠시 뒤 지희의 아멘 소리에 기도가 끝났음을 깨달았다.

"언니는 술도 안 마시는데 민하랑 같이 축제를 둘러보시네요?"

기도가 끝나자 미처 다 뜯지 못했던 나무젓가락을 뜯으며 지희가 말했다. 그러고 보니 지희도 종교적인 이유로 술을 마시지 않는다고 했다. 수진 언니도 같은 이유로 술을 마시지 않는다고 말하는 걸 들으니, 교회 다니는 사람은 술을 마시지 않는다는 사실이 체감되었다.

"민하에게는 모처럼 첫 축제이고, 지희 너도 이렇게 일하고 있으니깐……."

수진 언니가 캔콜라를 따면서 말했다. 교회 다니는 사람은 왜 술을 안 마시는 거냐고 순수한 궁금증이 생겨서 물어보고 싶었지만 지금 물어보면 마치 내가 술을 마시고 싶어 하는 것처럼 보일까 봐 물어보지 않았다.

소란스러운 테이블 사이에서 우리는 자연스럽게 낮의 활동에 대한 소회를 나누었고, 미처 지희는 함께하지 못한 가시고기에 관한 이야기를 들려주었다. 지희도 우리 동아리와 가시고기의 관계에 관해 이야기를 듣고 꽤 감동한 모양이었다. 그리고 자기도 꼭 가시고기에 가보고 싶다고 했다. 수진 언니는 언제든 환영이라고 대답했다.

　접시를 모두 비울 무렵 지회는 이제 다시 주방(저곳을 주방이라고 부를 수 있다면)에 가봐야 한다며 일어났다. 마침 수진 언니도 가보아야 할 곳이 있다고 했기에 우리도 일어나기로 했다. 일어나면서 가보아야 할 곳이 어딘지 물어봤다. 수진 언니는 대답 대신 같이 갈 건지 물어보았고 나는 그래도 되면 가겠다고 했다.

　수진 언니 옆을 따라 걸으며 주위를 둘러보았다. 축제의 밤도 이제 깊어졌는지 포차에 군데군데 자리가 비어있었다. 내가 도착한 곳은 매점이었다. 원래 저녁 8시면 닫는 매점이 오늘은 늦게까지 열었다. 수진 언니는 커피 몇 캔과 함께 참치캔을 샀다. 그리고는 대학 본부 상황실로 향했다. 커피는 상황실에서 당직을 서는 선생님과 치안을 지키는 캡스 경비원의 몫이라고 했다. 당직실 앞에 서자 수진 언니는 나에게 커피 한 캔을 건네면서 당직실을 부탁한다고 하고 나머지 캔을 들고 경비실로 향했다. 얼떨결에 받아 든 커피 캔을 들고 수진 언니가 경비실 안에 들어가는 모습까지 멀뚱히 지켜보았다.

시야에서 수진 언니가 사라지자 나는 고개를 돌려 당직실을 보았다. 굳게 닫힌 문이 유난히 거대해 보였다. 두 번 노크하고 들어가려 했는데 긴장한 탓에 손에 힘이 들어가 주먹으로 문을 내리치듯 되어버렸다. '쿵' 소리가 크게 울렸고, 생각지 못하게 세게 부딪힌 주먹이 아파 두 번째 소리는 내지 못했다. 그런데 앞에 문이 열렸고 한 남자 선생님이 한 손에는 문고리를 여전히 잡은 채 나를 내려보며 말했다.

"학생 넘어졌어요? 쿵 소리 나던데…….."

부끄러워 대답은 못 하고 손에 들고 있는 커피 캔을 들이밀었다. 선생님이 커피 캔을 받아 들자 나는 뒤도 돌아보지 않고 건물 밖으로 도망쳤다. 밖에서 상기된 얼굴을 식히며 수진 언니를 기다리는데 언니가 곧 건물 밖으로 나오며 말했다.

"혹시 고백하고 온 건 아니지?"

그 이야기를 듣고 내 행동을 돌아보니 흡사 고백에 가깝지 않았나 싶었다. 다른 의미로 얼굴이 뜨거워져 기껏 식힌 얼굴이 다시 빨갛게 달아올랐다. 무슨 일이 있었는지 알 길이 없는 수진 언니는 의아하다는 표정으로 나를 계속 바라보다가 이제 통조림 주인을 찾으러 가자고 했다.

달그락달그락 참치캔이 비워지는 소리가 들리기 시작했다. 별이는 얼마 전에 새끼를 낳았다고 했다. 새끼를 갓 낳은 어미 고양이는 충분한 영양분을 보충해야 하지만 캠퍼스를 떠도는 고양이가 충분히 영양분을 보충할 수 있을 리 만무했다. 학생들이 먹고 남긴 배달 음식이나 음식물을 포장했던 비닐 등 버려진 음식을 주워 먹고 다닐 수밖에 없는 환경이 바로 캠퍼스다. 그마저도 오늘은 학생들이 늦게까지 집에 돌아가지 않아 저녁을 먹지 못했을 거라고 했다. 별이 머리 사이로 비어져 가는 참치캔을 보니 이제야 고양이용 통조림인 게 보였다. 아는 만큼 보인다는 게 이런 거구나 하는 생각이 들었다. 허리를 펴서 고개를 들고 주변을 둘러보았다.

그렇게 시끄러웠던 캠퍼스인데, 풀밭을 조금 건넜다고 시끄러운 소리는 나무 사이에 부서져 이곳까지 닿지 못했다. 한 캔을 다 비워도 여전히 아쉬운지 빈 캔을 이리저리 발로 차는 별이를 쓰다듬으며 수진 언니는 연신 미안하다고 했다. 조용히 하루를 돌아보았다. 수진 언니는 그늘을 볼 줄 아는 사람이었다. 화려한 축제 가운데 그늘은 더욱 희미해져 아무도 신경 쓰지 않는 그곳에 수진 언니는 있었다. 어쩌면 나는 1년이 지나도, 아니면 2년이 지나도 보지 못할 것들을 수진 언니의 눈을 통해 보았다. 수진 언니가 아는 만큼 내게도 보였다. 그제야 내가 새롭게 본 것은 고양이용 통조림뿐만이 아니었다는 것을 깨달았다.

우리 동아리는 O교시에 기도회로 모인다. 1교시부터 수업이 있는 사람도 있으니 모두가 참여할 수 있도록 하는 데에도 의의가 있지만 정말 중요한 부분은 하루의 시작을 말씀과 기도로 하는 데 있다고 한다. 물론 아침 시간대에는 정원의 1/4도 오지 않는다. 그날 수업이 없어 학교를 안 오는 사람도 있지만 1교시 수업이 아닌 이상 수업 시간에 맞추어 학교

에 오는 것이 보통이었기 때문이다. 하지만 평소에는 그렇게 넓던 0교시의 동아리방이 오늘만큼은 앉을 자리 하나 찾기 힘들 정도로 가득 차 있다. 공기는 뒤섞인 체온으로 뜨거웠고, 마찬가지로 0교시에 모임을 하는 다른 동아리의 호기심 어린 시선을 받았다. 이렇게 모두가 모인 데에는 특별한 이유가 있다.

이른 아침인 7시도 새벽이라고 할 수 있다면 우리는 새벽에 동아리방에 모였다. 달이 수놓은 바닥의 냉기가 아직 가시지 않은 새벽의 공기는 좀 차가웠다. 캠퍼스는 한산했고 어제의 북적거리던 축제가 무색하게도 흔적만 남은 캠퍼스는 마치 전쟁이라도 나서 대피한 것처럼 황폐하기 짝이 없었다. 그 가운데 우리는 집게와 대형 쓰레기봉투를 들고 모였고 황폐한 캠퍼스를 분담해서 정리하기 시작했다. 지희와 나 그리고 수진 언니는 어제 함께 시간을 보낸 학과 포차 근처를 배정받았다. 배정받은 건물까지 가는 동안에도 우리는 바닥에 널브러진 쓰레기들을 집게로 연신 주웠다. 쓰레기가 너무 많아 배정받은 건물까지 가기도 전에도 대형 쓰레기봉투 하나가 꽉 찼다.

우리가 건물 앞에 도착했을 때는 이미 근처가 깨끗해진 상태였다. 우리 말고도 쓰레기를 줍는 동아리가 있나 생각했다. 건물 옆면으로 비닐 소리와 '딱딱' 집게 소리가 들렸다.

"어, 먼저 쓰레기 줍던 사람이 건물 옆에 있나 봐요!"

지희도 나와 같은 생각을 하고 있었는지 수진 언니에게 이야기하고 건물 모퉁이 쪽으로 빠르게 걸어갔다. 수진 언니와 나도 지희 뒤를 따라갔다. 건물 모퉁이를 돌자 지희가 갑자기 멈춰 섰다. 갑자기 멈춰서는 바람에 나는 지희랑 박을 뻔했다. 멈춰 선 지희의 어깨 넘어서 우리가 보게 된 것은 청소하는 아주머니의 뒷모습이었다. 자신만한 쓰레기봉투를 한 손으로 끌며 다른 한 손으로는 바닥에 어지러이 버려져 있는 쓰레기를 집게로 주워 담았다. 청소하는 아주머니는 우리를 보지 못했다.

"지희야, 아까 진우 선배한테 받은 양갱 있지? 그거 이모님 가져다드리고 올래?"

　　멈춰 선 지희에게 수진 언니가 말했다. 수진 언니의 말을 들은 지희는 그제야 정신을 차린 듯 '아' 소리를 내며 아버지가 사주셨던 버건디 레드 미니백을 열어 양갱을 찾기 시작했다. 우리가 출발하기 전에 위원장 오빠는 쓸 일이 있을 거라며 지희에게 양갱을 두세 개 쥐여주었었다. 쓰레기를 줍다가 당 떨어지면 먹으라고 준 거라기에는 너무 아재 취향이라고 속으로 비웃었었는데 이런 용도일 줄은 생각지도 못했다. 양갱을 찾은 지희는 총총걸음으로 청소 아주머니를 부르며 달려갔다. 우리는 한 발치 떨어져 있는 건물 모퉁이에 그대로 서서 지희를 지켜보았다. 지희가 양갱을 건넸고 청소 아주머니를 꼭 안아주었다(?) 나랑 수진 언니는 눈이 동그래져서 서로를 바라보았다. 총총걸음으로 달려갔던 지희가 그 걸음 그대로 돌아왔다. 지희에게 아는 분이냐고 물어보았으나 처음 보는 사람이라고 했다. 지희의 친화력은 정말이지 존경할만했다.

　　그렇게 우리는 짧은 1시간의 봉사 혹은 감사를 전하고 모였다. 모두가 뿌듯하고 의기양양한 표정이었다. 그리고 그

비밀을 우리가 공유하고 있다는 사실에 기분이 좋았다.

비밀을 우리가 공유하고 있다는 사실에 기분이 좋았다.

제목: 주스

    코끝으로 진한 커피 향이 퍼졌다. 카페 전체에 은은하게 퍼져있는 커피 향이 긴장을 좀 풀어주는 것 같았다. 긴장이 조금 풀리자 주변이 눈에 들어오기 시작했다. 공간은 브라운 톤에 주광색 조명으로 곳곳을 밝혀놓았다. 조도의 강약이 전체적인 분위기에 고급스러움을 한층 더했다. 사람 20명 정도 앉을 수 있을 것 같은 아담한 사이즈의 카페다. 조금 좀

게 느껴지는 카페이지만 공간 분리가 잘 되어있어서 다른 사람의 이야기가 시끄럽게 느껴지지는 않았다. 되려 너무 정적이 흐르는 공간이었다면 더 긴장됐을 것 같았는데 다행이라는 생각이 들었다. 다만 한 가지 아쉬운 점이 있다면 너무 콘셉트를 중요시하다 보니 의자도 원목에 테이블도 모두 원목 재질이다. 오래 앉아있기엔 불편하겠다는 생각이 들었다. 왼쪽 벽에 걸려있는 라탄방석을 빼서 의자에 깔았다. 내 것을 까는 김에 특별히 맞은편 자리에도 깔아주었다. 이 정도의 배려는 과하지 않다고 생각했다.

나는 애초에 커피를 좋아하지 않기 때문에 카페도 잘 가지 않는다. 지희랑 함께 카페에 가도 에이드를 마시거나 차를 마신다. 그런 나를 보며 지희는 어린애라고 놀리지만 어린애면 어떠랴. 아메리카노가 혀에 닿으면 쓴맛이 입 안을 가득 메우고 입안에 가득 퍼진 커피 향이 코끝을 통해 나오는 그 떫은 향과 맛을 나는 도저히 견딜 수가 없다. 하지만 지금 내 앞에는 아이스 아메리카노 한 잔이 놓여 있다. 심지어 볼을 가득 채울 정도의 큰 한 모금을 이미 마셨다. 스스로가 조금 대견하다고 생각될 무렵 손목을 틀어 시계를 보았다. 오후 4시 반. 아무래도 긴장해서 너무 빨리 온 것 같다. 내가 이렇게 낯선 카페에 있는 것은 한 쪽지로부터 시작된다.

————————————————
달콤하면 꼭 연락 주세요

010-xxxx-xxxx

————————————————

며칠 전 축제에서 불쑥 나타나 나에게 솜사탕을 주고 간 남자가 남긴 쪽지였다. 결코 대시가 처음이라 연락해 본 것은 아니었다. 그냥 진짜 솜사탕이 달콤했고, 혹시나 솜사탕 업자가 자신이 만든 솜사탕의 후기를 듣고 싶어 했을 수도 있겠다는 인류애적 마음으로 연락한 것이었다. 연락을 받은 사람은 본인을 '이소'라고 소개했다. 이름이 '이소'랬다. 특이한 이름이라고 생각했다. 자연스럽게 나도 이름을 밝혔고, 우연히도 나랑 동갑이라고 했다. 솜사탕 업자가 아니었다는 것은 좀 예상외였지만 그래도 나쁘지 않은 대화가 오 갔었다. 오늘은 이소를 처음 만나는 날이다. 약속 시간은 5시 인데 혹시나 설레는 마음에 이소가 너무 일찍 나와서 나를 기다리면 조금 미안하니깐 일찍 나왔다. 하지만 곧 후회했 다. 30분이나 기다렸는데 아직 30분이나 더 기다려야 했 다. 혹시나 얼굴을 못 알아보면 실례일 수 있겠다 싶어 인스 타 스토리를 연신 되감아 보았다.

"어, 내 인스타 염탐하고 있었네?"

뒤에서 낯선 목소리가 들렸다. 거의 처음 듣다시피 한 목 소리였지만 그 목소리의 주인이 이소라는 사실을 바로 알 수 있었다. 나는 깜짝 놀라 보고 있던 휴대폰을 테이블 위에 엎어놓고 덩달아 나도 엎어졌다. 이소의 모습이 궁금하기도 했지만 분명 붉어졌을 내 얼굴을 초면에 보여주고 싶지 않았 다. 타이밍이 참 거지 같았다. 이소는 그런 내 마음을 이해 했는지 음료를 먼저 주문하고 오겠다고 했다. 맞은편 자리에 가방을 두는 소리가 들리고 곧 인기척이 사라졌다. 나는 고 개를 들어 이소가 카운터로 가는 모습을 보고 눈앞에 아이스

아메리카노를 입안 가득 들이켰다. 커피가 개운할 수도 있다는 사실을 처음 깨달았다.

　잠시 뒤 이소가 주문한 음료를 들고 이쪽으로 걸어왔다. 나보다는 머리 하나 정도 더 있는 평균 키에 조금은 호리호리한 몸, 청바지에 상의는 흰색 이너에 깔끔하고 단정한 그레이 계열의 무지 반팔 셔츠를 걸쳤다. 인스타에서 보던 느낌 그대로였다. 옥에 티라면 들고 오는 음료가 오렌지 주스라는 것이다. 약간은 언밸런스한 귀여움에 살짝 웃음이 났다. 티를 내지 않았다고 생각했는데, 이소가 의자에 앉아 테이블에 오렌지 주스를 내려놓으며 낮에 이미 커피를 마셔서 그렇다고 변명했다. 변명마저 귀여워서 이번에는 웃음을 참지 못했다. 어설픈 변명에 이소가 무안해할까 봐 나도 사실 커피를 마실 줄 모른다고 했다. 그냥 초면이기도 하고 어린애처럼 보이고 싶지 않았다고도 솔직하게 말했다. 우리는 오렌지 주스 한 잔을 둘이 나눠 마셨다. 좋은 친구가 될 수도 있겠다고 생각했다.

　　살면서 교회라는 곳을 처음 와 보았다. 장의자라는 조금은
신기한 의자에 네다섯 사람이 줄지어 앉아있는 모습이 마
치 전신주에 쪼로미 앉아있는 참새 같았다. 옆에는 지희가
평소와는 다른 모습으로 얌전히 앉아서 설교를 듣고 있다. 설
교는 시작한 지 이제 10분도 채 되지 않은 것 같은데, 웬만
한 교수님 수업보다 지루하다. 벌써부터 노곤노곤 잠이 온다.

나름 에어컨은 빵빵하게 틀어놓은 터라 덥지는 않았는데, 졸았다 깨었다를 반복하고 있자니 뭔가 모를 찝찝함이 온 몸을 감싸았다. 화장실이라도 다녀올까 했는데 이 실용성이라고는 전혀 없는 장의자 때문에 그것도 쉽지 않을 듯싶었다. 장의자를 만든 사람은 나 같은 피해자가 발생할 수 있을 거라는 생각을 하긴 한 걸까?

"하나님이 이루셨습니다!"

어느새 설교가 절정에 목사님이 다다랐는지 목에 핏대를 세우며 소리쳤다. 언제 졸았는지는 모르겠지만 깬 시간은 확실했다. '12:40' LED 전광판에 시간이 표기되어있다. 지희 말로는 1시가 되기 전에 예배가 끝난다 했으니 이제 얼마 남지 않았다. 얼마 남지 않은 만큼 남은 시간은 노력해서 들어보려 했으나 처음부터 듣지 않아 무슨 이야기인지 하나도 모른 채로 설교가 끝이 났다. 지희는 설교 시간 내내 노트를 펴서 계속 말을 받아 적고 자기 생각을 적기도 하고 그림도 그렸다. 평소 산만했던 지희 답지 않은 모습에 내심 감탄했다.

설교가 끝난 시간은 정확히 12시 50분이었다. 10분 정도

기도회 같은 것을 했고, 잠시 뒤 또다시 찬양을 불렀지만 모든 예배 순서가 끝난 듯 사람들이 하나둘 일어나 돌아가기 시작했다. 끝난 건지 아닌지 잘 몰라 지희의 눈치를 보았는데 지희도 주섬주섬 짐을 챙기고 있었다. 마지막 찬양은 집에 돌아갈 때 틀어주는 BGM 같은 건가 보다. 열린 문을 통해 새 공기가 들어오고 찝찝했던 공기가 한순간 빠져나가는 상쾌함을 느끼며 짐을 챙기고 있자니 배가 고프기 시작했다. 충분히 배가 고플 시간이라 짐을 챙기면서 지희에게 점심은 어떻게 하냐고 물었다. 그러자 지희는 보통 점심은 교회에서 주기 때문에 먹을 수 있다고 했으나, 오늘은 특별히 나의 첫 출석이기도 하고 지희네 가족이 나를 초대하여 함께 점심을 먹자고 했다고 한다. 물론 나만 괜찮다면 말이다. 지희 가족을 모두 대면해서 함께 점심을 먹는 게 조금 부담스러울 것 같아 거절하려 했는데 어디선가 갑자기 지희 어머님이 나타나서 밥 먹으러 가자며 내 팔짱을 끼셨다. 나는 얼떨결에 '아, 네'라고 대답하고 말았다.

우리는 교회 근처 샤브샤브 집에 왔다. 교회 근처 샤브샤브 집은 평소에도 일반 고객들에게 많은 인기가 있어 찾아오는 곳인데, 인제 보니 일요일에는 교회 사람들을 대상으로 장사하는 가게 같았다. 군데군데 교회에서 보았던 얼굴들이 보였고, 지희 어머님은 밝은 미소를 띠며 이 테이블, 저 테이블 옮겨 다니며 인사하기 시작했다. 지희의 넉살 좋은 성격의 근본이 어디인지 바로 알 수 있는 대목이었다. 반면 지희 아버지와 오빠는 정반대의 사람이었다. 두 분 다 진중하고 무게가 있으며 뭔가 모를 든든함? 남자다움? 같은 느낌이 있었다. 특히 지희 오빠는 잘생겼다고 평가하기에는 조금 아쉬운 면이 있지만, 옷을 참 잘 입는다는 느낌을 주었다. 남자 친구로 하기에는 살짝 나이 차이가 나는 감이 있지만 내가 만약 1학년이 아니고 2, 3학년이었다면 남자 친구였어도 좋겠다는 느낌의 댄디함이 있었다.

"자꾸 우리 오빠 힐끔힐끔 보지 마라, 오빠 오해한다. 저래 보여도 금사빠라 피곤한 스타일이다."

조금 멍하니 지희 오빠를 보고 있었나 보다. 황급히 고개를 저으며 그런 거 아니라 하고 달아나듯 샐러드 바로 향했다.

지희네 가족과의 점심시간은 참으로 화목하고 편안한 시

간이었다. 내게 부담 주지 않으시려고 어머님 아버님 두 분 모두 말을 아끼셨고, 지희는 옆에서 나와 친해지게 된 계기, 학교에서 있었던 일, 내가 갑자기 기독교 동아리를 함께하게 된 에피소드 등을 주저리주저리 이야기해줬기에 경직된 식사도 아니었다. 지희 오빠는 진짜 친오빠가 맞나 싶을 정도로 우리가 음식을 먹는 내내 샐러드 바에서 부족한 음식을 보충하고, 샤브샤브를 조리하면서 이리저리 분주하게 움직였다. 우리 가족과 많이 비교되는 모습에 씁쓸한 기분도 들었지만, 모처럼의 행복하고 따뜻한 식사 시간이니 충분히 누리기를 선택했다.

평화로운 식사 시간이 끝나갈 무렵 샐러드 바에 있는 디저트 아이스크림을 가지러 지희랑 같이 자리에서 일어났다. 계속 지희 오빠가 음식을 챙겨다 줘서 아이스크림을 찾느라 이리저리 주위를 둘러보게 되었다. 그러자 이제야 눈에 띄는 그룹들이 있었다. 우리와 비슷한 모습을 한 그룹. 울타리 안에 있는 무리가 한 명 혹은 두 명의 외지인을 마주하여 손님으로 초대하는 분위기의 모습들. 내가 오늘 그 분위기를 겪었기에 그들이 한 시간 전 함께 예배를 드렸다는 것은 의심의 여지가 없었다. 지희랑 함께 다니며 깨달은, 그리고 앞으로 깨달을 새로운 시간은 비록 심장이 쿵쿵 울리는 가슴 벅찬 설렘이 가득한 시간은 아니지만, 심장이 뭉클해지면서 이따금 아려오고 점점 따듯하게 녹는 그런 시간이라는 것을 이미 내 가슴은 이해하고 있었다.

2022년 5월 15일 일요일

제목: Who Am I

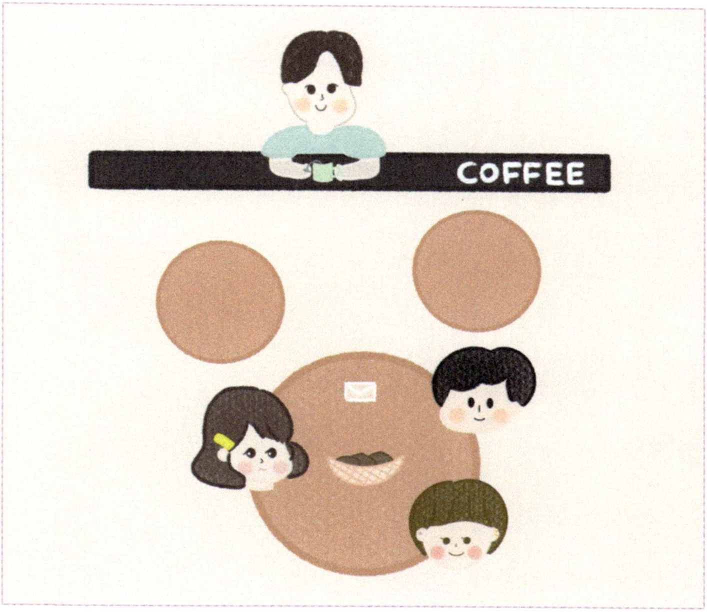

"최근에 가장 많이 화가 났을 때는 언제였나요?"

주영 언니가 나를 향해 물었다. 평소에 화를 내는 성격은 아니라서 화가 났던 일을 생각해내는 데 조금 시간이 걸렸다. 방금 지희네 가족과 함께했던 식사 자리는 너무나도 좋았다. 얼마 전 새로 알게 된 이소와의 만남도 나름 좋은 기억이다. 축제는 신났고, 그 안에 감동이 있었고, 한편으로는 가슴이 아려왔지만, 화가 난 기억은 아니었다. CF는 낯설었고, 간사님의 설교는 졸음이 몰려왔지만, 그럭저럭 견딜만 했다. 더 과거로 돌아가 커닝 추방운동으로 지우개를 나누어 주었고, 시험을 쳤었다. 시험시간에 경험했던 충격은 아직 너무나 생생하다. 그때 나는 너무 분하고 억울했다. 그때 나는 화가 났었다.

"최근에 쳤던 교양수업의 중간고사 때 모든 사람이 당연하게 커닝하는 모습이 너무 충격적이었어요. 그때 당시에는 몰랐는데, 시험을 치고 나오자 마음속에서 먼가 울컥했던 게 아마 그게 화가 아니었나 싶어요."

이제 내가 카드를 낼 차례가 되었다.

지희네 가족과 식사를 마친 후 나와 지희는 청년부 예배가 따로 있다고 해서 또다시 교회에 왔다. 마찬가지로 지희는 열정을 다해 설교 말씀을 받아 적었고, 나는 이번에도 몰려오는 졸음을 이기지 못하고 꾸벅꾸벅 졸았다. 한 번씩 지희가 내 어깨를 주물러 주기도 하고 손 마사지를 해주었는데, 그때뿐이었다. 그나마 다행이었던 것은 청년부 예배라서 그런지 설교 시간이 짧았다. 꾸벅꾸벅 졸고 나니 이미 설교를 마치고 있었다. 설교 후에는 셀모임이라는 것을 했는데, 나는 새가족이라서 새가족부에서 셀모임을 해야 한다고 했다. 본인을 새가족부의 담당이라고 소개한 주영 언니는 나를 별도의 방으로 데려갔다.

방문을 열자 따뜻한 아로마 향이 코끝에 닿았다. 방 가운데에는 네다섯이 앉을 수 있는 테이블 하나가 놓여있었고, 테이블을 둘러 1인용 의자가 놓여있었다. 아무 자리에 앉으면 된다고 해서 나는 가장 구석 자리로 가서 앉았다. 새가족부에는 주영 언니 외에 본인을 집사님이라고 소개한 아저씨 한 분과, 마찬가지로 새가족을 담당하고 주영 언니랑 친구라면서 본인을 소개한 민성 오빠가 있었다. 서로 간단한 자기소개를 하자 민성 오빠는 한쪽에 있는 캐비닛을 열어 다과와 티 세트를 꺼내기 시작했다. 가끔씩 유리잔이 서로 부딪쳐 내는 청량한 소리만이 방의 정적을 깼다. 이 느낌, 언제가 겪었던 느낌이다. 불과 얼마 전에 겪었던 이 공기. 생각났다. 선하신 간사님과 독대하였을 때와 똑같은 느낌이다. 여기서도 지난번에 들었던 설교를 또 들어야 하는 건가 싶어 갑자기 심란해지기 시작했다. 또 같은 이야기를 듣는다면 이미 들었으니 그 이야기 말고 다른 이야기를 하자고 말해야 하나 생각했다가도, 처음 보는 사람이 세 명이나 있는데 차마 그런 이야기를 할 용기는 없을 것 같아 이내 포기했다.

다과와 티 세트가 테이블 위에 정돈되었다. 이내 커피 포트에서 보글보글 물이 끓는 소리가 들리더니 '탁' 하는 둔탁한 소리가 모든 준비가 끝났음을 알렸다. 커피는 못 마신다고 했더니 차를 내어줬다. 진한 녹차 향이 긴장을 조금 풀어주었다. 녹차를 한 모금 마시고 테이블에 잔을 올려놓으면서 보니 처음에는 보이지 않았던 카드가 보였다. 'Who Am I?' 주영 언니가 카드를 집어 들더니 카드 게임을 설명하기 시작했다. 카드에는 다양한 주제와 숫자가 있는데, 이 주제에 맞는 질문을 타인에게 하고, 이야기를 들을 수 있는 게임이라고 했다. 다행히도 우려를 했던 설교는 없었고, 우리는 바로 카드 게임을 했다. 내가 화났던 일을 이야기했고, 이제 내가 카드를 낼 차례가 된 것이다. 나는 '고민'이라고 적힌 카드를 내면서 민성 오빠에게 최근에 고민하고 있는 일에 대해 물었다.

　최근에 나의 고민은 연애다. 나는 이소랑 좀 더 친해져야 한다고 생각했는데, 이소는 그게 아닌 것 같다. 이소의 적극적인 태도에 조금의 부담과 많은 고민이 생겼다. 아마 이소가 조만간 머지않은 시점에 사귀자고 이야기할 것만 같다. 그도 그럴 것이 이소는 처음부터 나에게 그런 목적으로 다가왔다. 내가 어리바리하게 얼 타고 있는 틈을 타 이소의 달콤한 꾐에 넘어간 것이었다. 내가 그때 정신을 차리고 솜사탕을 받지 않았다면 어땠을까? 하지만 나는 이미 그 솜사탕을 받았고, 차마 쪽지를 보고 연락을 안 할 수도 없어서 연락했고, 이소와의 첫 만남은 다행히도 나쁘지 않았다. 이소가 예기치 못한 때에 갑작스럽게 고백한다면 나는 어떻게 대답해야 할까? 사귀기에는 아직 시간이 더 필요한 것 같고, 그렇다고 거절하면 이소와의 관계는 그걸로 흩어져 미련이 남을 것만 같았다. 이소가 이런 나의 마음을 안다면 물론 조금은 부끄럽겠지만, 이소를 더 알아갈 수 있을 텐데…….

민성 오빠가 일 카드를 내며 집사님에게 하고 싶은 일을 물었다. 나는 선생님이 되고 싶다. 그러나 딱히 이렇다 할 과목을 정하지 못해서 교육학과에 왔다. 진로상담을 해주었던 선생님이 추천해준 학과였다. 일단 사범대로 입학해서 과목은 1, 2년 정도 더 고민해서 원하는 과목을 선택할 수 있는 좋은 학과라고 했다. 대학에 와서 한 학기의 중간을 지나고 있는 시점에, 아직도 난 이렇다 할 과목을 정하지 못했다. 다른 친구들은 대부분 이미 자신이 원하는 과목이 있었다. 다만, 해당 학과가 없거나, 해당 학과의 TO가 적어서 교육학과를 선택했다. 그리고 교육학과를 들어와서 알게 되었는데, 교육학과는 몇 가지 특수 과목을 이수하면 윤리 선생님이 될 수 있는 학과였다. 하고 싶은 일을 생각하다 보니 이 또한 결국 고민이고 걱정이구나 하는 생각이 들었다.

집사님은 취미 카드를 내며 나에게 최근 즐기는 취미가 있는지 물었다. 취미라고 이야기할 수 없지만, 최근에는 동아리 사람들과 교회에 다니는 사람들을 관찰하는데 상당한 재미를 느끼고 있다. 그들은 지금까지 내가 상상조차 할 수 없는 사고방식을 가진 사람들이었다. 사실 지회와 친해질 무렵, 지회는 뭔가 조금 다른 사람들과는 다르다는 느낌을 받았다. 하지만 그 다른 게 무엇인지 느낌만 있을 뿐 확실하지 않았다. 그러나 지회가 속해있는 동아리와 교회를 통해 지회에게 다른 그 무언가가 무엇인지 확실하게 알게 되었다. 여기서는 지회가 다르지 않았다. 다른 건 나였고, 그들은 평범했다. 그러나 그들의 평범함이 나의 다름과는 비교할 수 없는 매력이었다. 나는 딱히 요즘에는 이렇다 할 취미가 없다고 말했다.

모든 카드를 덜어내자 카드를 정리하면서 집사님이 말했다.

"앞으로 민하 자매가 교회를 다니는 시간 즉, 신앙생활을 하게 되는 그 시간은 모두 결국에는 스스로에 대해 고민하고 자신을 이해하며 정의하는 시간으로부터 시작될 거예요. 신앙을 처음 시작하는 사람들은 신앙을 알기 전에는 신인 하나님께 경배를 드리는 것이 신앙이라고 생각하는 경향이 있어요. 아마 지금 민하 자매도 그렇게 생각할지 모르겠어요. 그러나 그전에 나를 이해하고 정의하는 시간 없이는 절대 바른 신앙을 가질 수 없어요. 특히 기독교에서는 더더욱이요. 왜냐하면 기독교 신앙은 결국 민하 자매와 하나님과의 관계이기 때문이에요. 민하 자매가 스스로를 잘 모르면 당연히 하나님과 자신이 어떤 관계인지 알 수 없어요. 그러니 앞으로는 이렇게 게임을 하지 않아도 스스로가 누구인지 묻는 시간을 많이 가지세요."

집사님의 이야기를 듣자 우리가 함께했던 게임이 'Who are you'가 아니라 'Who Am I'라는 사실이 다시금 새롭게 느껴졌다. '임민하, 20살, 어쩌다 보니 교육학과에 다니게 되었다.' 이것이 지금 내가 인지하는 나의 전부였다.

눈이 부실 정도로 밝은 순백의 공간에 이소와 함께 어색한 공기를 맞으며 앉아있다. 시원한 알코올 냄새가 코를 상쾌하게 했고, 공기를 차갑게 했다. 딱딱한 병원 매트리스도 침대라고 부를 수 있다면 나는 그 침대 위에 앉아있고, 이소는 옆쪽에 놓인 간이의자에 앉아있다. 어제 갑작스러운 복통으로 응급실에 왔었다. 급성장염이라는 진단을 받고 결

국 집에 돌아가지 못한 채 병원 신세다. 마침 어제저녁에 이소랑 톡을 하고 있던 터라 응급실에 갈 때부터, 입원할 때까지 이소에게 실시간 중계를 하게 되었다. 이소는 날이 밝자 아침부터 문안을 왔다. 문안은 10시부터 된다 해서 병원에 도착해 30분이나 기다렸다고 한다. 이소의 걱정이 고맙기도 한편 부담스럽기도 했다.

낯선 공기 속 한쪽에는 TV가 놓여있었다. TV에서는 동물농장이 반영되고 있었지만 음소거를 해놓았는지 소리가 나지는 않았다. 내가 있는 병동은 2인실 병동이었다. 다만 맞은편에 입원 환자가 없어 지금은 혼자 쓰기에는 조금 넓은 병실을 혼자서 사용하고 있다. 그나마 이소가 있어서 쓸쓸하게 느껴진 공기가 조금은 온기로 덮인 느낌이다. 소중한 일요일이라 시간을 뺏는 게 아닌지 이소에게 물었다. 이소는 평소라면 아직 일어나지도 않을 시간이기 때문에 원래 없는 시간이라 괜찮다고 했다. 잠자는 시간을 반납한 게 더 대단하다고 생각했으나 말로 하지는 않았다. 되려 이소에게 평소 일요일에는 교회에서 지내냐는 질문받았다.

나도 원래는 일요일에 12시까지 잠을 잤다. 하지만 이소처럼 원래 없는 시간은 아니다. 나에게는 늦게까지 잘 수 있는 귀중한 시간이라는 점이 이소랑은 다른 점이다. 그러나 몇 주 전부터 소중한 아침 늦잠 시간이 없어졌다. 지희를 따라 교회를 다니다 보니 아침 일찍까지는 아니더라도 늦게까지 잠을 자고 있을 수만은 없는 노릇이었다. 이소에게 나는 어릴 적부터 교회에 다니는 인상이었다고 한다. 왜 그렇게 생각하냐고 물었는데, 나를 처음 만난 곳이 기독교 동아리 부스였다고 말하며, 내가 멍해 있던 첫 만남을 상기시켜 주었다.

나와는 반대로 이소는 중학생 때 교회에 다녔다고 했다. 수련회라는 명목으로 친구들이랑 워터파크에 갔었는데 그때 기억이 아직도 생생하다고 했다. 하지만 대학교에 오면서 일요일이라는 시간을 뺏기는 것도 싫고, 술도 못 마시게 하며, 이성 친구도 기독교인을 만나야 한다는 여러 분위기 때문에 더는 안 다닌다고 했다. 이소는 자신의 이야기를 하며 혹시 너도 기독교인이 아닌 사람과는 연애를 안 하냐고 물었다.

이소의 물음이 '내가 혹시 교회를 다니지 않아 만나는 건 어렵니?'라고 들렸다.

'아. 아직 지금은 안 되는데…….'

이소가 사귀자고 하면 어떻게 해야 할지에 대한 답을 아직 내리지 못한 상태이다. 심지어 지금만큼은 더 아니다! 나는 지금 환자복 상태에 얼굴에 핏기도 없어 하나도 예쁘지 않을 것이다. 이 상태에 이소가 사귀자고 해버리면 도망도 못 갈 텐데……. 치사하다.

때마침 병실 미닫이문이 스르륵 열렸다. 문 건너편에는 지희가 서 있었다. 이소와 민하를 바라보고는 다시 병실 호수를 확인했다. 그러고 보니 지희는 이소를 처음 본다. 그 전에 내가 남자와 있는 모습을 처음 본다. 지희에게 남자 이야기를 한 적은 한 번도 없었다. 지희는 내게 남자는 관심도 없는 요즘 애 같지 않은 애라고 종종 이야기했다. 그런 지희가 일요일 아침부터 병실에 단둘이 남자와 있는 나를 본 것이다. 지희의 눈동자에 당황한 기색이 역력했다. 당황한 지희를 보자 나도 인사의 말이 나오지 않았다. 지희의 눈치를 보며 눈동자만 굴려 이소의 표정을 바라보았다. 이소도 내 반응을 지켜보며 이게 무슨 상황인가 생각하는 눈치였다. 썩 좋지 않은 타이밍에 지희와 이소가 첫 만남을 가지게 된 것 같다는 생각이 들었다.

이제는 좁아진 병실에 어색한 셋의 만남이 시작되었다. 정확히는 이소가 어색한 자리가 되었는데, 공교롭게 간이의 자가 하나밖에 없어 지희가 내 침대에 걸터앉아 둘이서 이소를 바라보는 형태가 되었기 때문이다. 축제 때 이소는 나에게 솜사탕 건넬 타이밍을 재며 내 옆에 있던 지희가 떨어질 때를 지켜본 탓에 지희의 얼굴을 알고 있었다. 하지만 지희 입장에서는 완전 처음 보는 사람이었다. 이소가 나름대로 용기 있게 인사를 건넸지만, 웬일인지 그렇게 사람 좋아하던 지희가 떨떠름하게 반응했다. 그 후 이렇게 침묵만이 공간을 가득 메웠다.

"음, 오늘은 이만 갈게. 건강 잘 챙기고, 그럼 다음에."
빡빡한 침묵 사이로 이소의 목소리가 비집고 나왔다. 어색한 인사에 제대로 대꾸도 못 하고 고개만 살짝 끄덕여 인사했다. 이소는 그 길로 어색한 발걸음을 뗐다. 아침부터 찾아와 준 이소에게는 미안하지만 어쩔 수 없는 분위기였다. 이소에게 다음에 사과하기로 하고 이소가 나가는 뒷모습을 지켜보았다. 이소가 무슨 생각을 하며 나갔을지 신경 쓰였다.

이소가 나가자 무거웠던 공기가 함께 순환한 듯, 한층 가벼워졌다.

"아~ 뭐냐고 임민하, 숨겨둔 남친이 있으면 귀띔이라도 주란 말이야. 깜짝 놀랐잖아."

지희도 상당히 긴장했었는지 긴 숨을 내쉬며 말했다. 나도 덩달아 긴장이 풀리면서 지희의 말에 멋쩍은 웃음으로 반응했다. 그리고 나서야 지희의 말이 이해되었다. 나는 뒤늦게 방금 있던 아이는 남자 친구도 아니고, 숨겨둔 남자 친구도 없다고 정정했다. 그러자 눈을 가늘게 뜬 지희의 표정에 못 이겨 결국 이소에 대해 이야기했다. 축제 때 갑자기 손에 쥐게 된 솜사탕의 출처와 거기 꽂혀있던 종이, 그리고 이소와의 만남,

오늘 병원에 이렇게 함께하게 된 경위까지 이야기했다. 지희는 적지 않게 놀란 표정이었다. 축제 때면 꽤 전의 일인데 지금까지 자기에게 비밀로 했다는 사실에 놀란 것 같다. 저렇게 보낸 이소에게도 미안하지만, 지희에게 서운함을 주게 된 것 같아 미안해졌다.

그 뒤로 조금은 가벼워진 분위기가 된 병실에서 우리는 한참을 이야기했다. 주된 주제는 이소와의 관계에 대한 나의 고민이었다. 지희는 여러 조언과 더불어 자신의 생각도 이야기해 줬다. 단순히 이소와의 관계가 정리되지 않아 이야기를 뗐지만, 어째서인지 지희는 내가 종교적인 이유 때문에 고민이 된다고 받아들인 듯했다. 지희는 꼭 기독교인과 연애를 할 필요는 없다고 했다. 술을 마시지 않는 것도 어디까지나 종교적 문화일 뿐 신앙과는 별개라고 했다. 그러면서 중요한 건 내 마음이라고도 덧붙였다.

'중요한 건 내 마음'
지희의 마지막 말이 머릿속을 맴돌았다. 그러고 보니 내 마음을 자세히 들여다본 적이 없었던 것 같다. 무엇인가 결정하는 것이 내게는 익숙하지 않았다. 학과를 정하는 것도, 교회에 다니게 된 것도, 축제의 VIP 금일봉을 기부한 것도 그 무엇 하나 스스로 내리지 못했던 결정이었다. 하지만 이소와의 관계는 누가 정해줄 수 없다. 결국 내 마음을 들여다 보아야 하는 것이었다. 나는 이소를 좋아하는가? 아직 그렇지는 않은 것 같다. 그렇지만 관심이 없는 것 또한 아니다. 이소랑 이야기하거나 연락하다 보면 편하고, 나중에 돌아보면 즐거웠던 시간이었다고 평가하게 된다. '관심?', '호기심' 정도의 감정인 것 같다.

"민하야, 뭘 그렇게 생각해?"

내가 너무 멍하니 있었는지 지희가 내 어깨에 두드리며 말했다.

"아, 아무것도 아니야! 그리고 고마워. 덕분에 좀 정리가 된 것 같아."

내 대답에 지희가 살며시 미소를 지으며 이소랑 만날 거냐고 물었다.

“아직 잘 모르겠어. 좀 더 고민해 보려고, 그나저나 미안해 너한테 너무 오랫동안 비밀로 해와서……. 서운했지……?”

“아, 아니야, 늘 장난으로 이야기했지만 난 네가 진짜 남자에게는 관심이 없는 줄 알고 오히려 걱정했는데 다행이지 뭐야.”

그렇게 말하고 지희는 갑자기 말을 끊고 숨을 들이켰다. 그렇게 한 박자 쉬고 지희가 계속 이어 말했다.

“그리고 나도 너에게 비밀로 한 거 있는데 쌤쌤으로 하자, 나 사실 진우 오빠랑 사귀어”

진우가 누구였는지 바로 떠오르지 않았다. 뭔가 익숙하면서 낯선 이름이었다. 눈을 굴리며 생각하다 결국 기억에 닿았다. 그는 캠퍼스에서 지희가 번호 따일 때마다 알려주던 번호의 주인공, 위원장 오빠였다.

    빈 화면 끝으로 검은색 커서만 계속 깜빡거리는 노트북을 바라보고 있자니 내 눈도 덩달아 깜빡이는 느낌이다. 몽롱한 정신에 아무런 생각도 나지 않아 연신 '안녕하세요?'만을 썼다 지웠다를 수십 번 반복했다. 결국 십 분이 넘게 한 자도 써 내려가지 못한 빈 종이만 화면에 비췄다. 5월의 마지막, 아직 에어컨은 가동되지 않는 애매한 계절의 끝에 난 동문 선배님들에게 보내는 소식지의 신입생 이야기

를 담당하게 되었다. 이렇게 대중없이 커닝 추방이나 쓰레기 줍기, 음료수 판매에다 이제 글 기고까지 하고 있다 보니 문득 내가 무슨 동아리에 가입했는지 혼란이 오는 것 같기도 했다. 기일에 대한 부담인가, 아니면 여름이 밀려오는 소식 때문인가 알 수 없는 땀이 목뒤를 점점 끈적하게 만들어 갔다. 손목에 있는 머리 고무줄을 입에 물고 목뒤의 머리를 모두 올려 묶었다. 나른한 바람이 목을 감싸자 시원함이 온몸을 훑었다.

"한 번도 만나지도, 이름조차 모르는 동문 선배에게 소식지라……. 초등학생 때 군인 아저씨에게 쓰던 편지가 생각나네"

아무도 듣지 않는 혼잣말을 중얼거리며 다시 타자기에 손을 올렸다.

선배님께 매미 울음소리가 닿을 때, 이 편지도 함께 닿겠네요. 우리의 소식이 무더운 여름, 조금이나마 선배님의 마음

에 시원한 에이드 한 잔이 되면 좋겠어요! 에이드 하니 축제의 때가 떠오르네요. 올해 축제 때에는 에이드를 팔았어요. 말도 안 되는 가격에 누가 사가려나 했는데 장사는 대성공이었답니다. 수익금은 선배님께서 전통으로 남겨주신 가시고기에 올해도 약속하지 않은 전달식이 진행되었어요. 지금 다시 생각해보아도 어떻게 이런 일이 이어질 수 있는지 신기할 따름이에요. 신기하다고 적고 보니 또 생각나는 일이 있군요? 얼마 전 부흥사경회라는 것을 했어요. 선배님 때에도 프로그램 이름은 똑같았나요? 전 교회도 다녀본 적 없어서 그런 광경은 정말 놀라웠어요! 날을 새서 예배하고 기도하다니! 처음으로 '내가 기독교 동아리에 가입했구나'라고 느끼는 순간이었죠. 사실 우리 동아리 이것저것 많이 하잖아요. 지금도 학회지편집위원회 같은 느낌의 소식지도 쓰고요. 뭐, 덕분에 주저리 할 이야기는 많아서 좋은 것 같아요. 앞으로 있을 시간도 기대되고 말이죠! 연말에는 선배님을 뵐 기회가 있을 거라고 들었어요. 홈커밍데이라는 이름으로 선배님을 초대한대요. 그때 할 이야기도 남겨둬야 하니 이번엔 여기까지만 써야겠어요. 그때까지 건강히, 만날 날을 기다리겠습니다. 5월의 끝 매미를 깨우며. 민하가.

　다 쓰고 보니 너무 두서없이 주저리 늘어놓기만 한 글 같다는 생각이 들었다. 그런데도 다시 쓸 용기는 없어서 그대로 저장 버튼을 누르고 노트북을 덮었다. 일어나서 기지개를 켜고 주위를 둘러보았다. 웬일인지 오늘은 동아리방에 아무도 오지 않는 듯했다. 3평 남짓의 작은 공간에 빽빽하게 놓인 선반 옆으로 오래된 캐비닛이 눈에 들어왔다. 분명 처음부터 있었을 텐데 지금까지는 알아차리지 못한 캐비닛이었다. 왠지 모르게 열어보고 싶은 호기심이 생겼다. 아무도 올 일이 없는 동아리방을 도둑이 된 마냥 두리번거리며 캐비닛 앞으로 다가갔다. 얼마나 오래되었는지 테두리는 녹이 슬어 갈색빛을 냈다. 다시 한번 방을 둘러보고 조심히 손잡이에 손을 대었다. 살짝 손잡이를 당겨보았지만 오랫동안 열어보지 않았는지 문은 미동도 하지 않았다. 조금 더 세게 당겨보았다. 그러자 옆문을 긁으며 한쪽 문이 열렸다. 열린 문틈으로 그동

안 갇혀있던 어둠이 빠르게 튀어나왔다. 안에는 정리되지 않은 프린트물과 어느 학과인지는 알 수 없지만, 전공 서적으로 보이는 책 몇 권이 손때 묻은 채로 들어있었다. 아무래도 주인이 있는 물건 같아 보이지는 않았다. 별거 없는 내용물에 시시해져서 철제문을 닫으려는 찰나 안에서 그나마 덜 오래되어 보이는 작은 소책자가 눈에 들어왔다. 조심스럽게 책자를 집었다.

≪ 예수, 흔적을 따라 ≫

책등을 쓰기에도 너무 작아 반을 접어 스테이플로 찍어 책처럼 만든 핸드아웃 몇 장의 표지에 제목이 적혀있었다.

나름 책처럼 보이는 핸드아웃을 펼쳐보았다. 몇 장의 사진과 글들이 아기자기하게 꾸며져 있었다. 이게 무엇인지 나는 한눈에 알 수 있었다.

"어, 이거 소식지다!"

나도 모르게 목소리가 나왔다. 바로 읽어보고 싶었지만, 시간이 많이 늦은 터라 일단 크로스백에 담아 동아리방을 나왔다.

집에 돌아가는 지하철에서야 난 다시 그 소식지를 꺼내볼 수 있었다.

‘아, 수진 언니다.’

인쇄된 사진 안에 조금은 앳된 수진 언니의 얼굴이 보였다.

수진 언니가 있다는 건 작년 소식지라는 이야기였다.

‘수진 언니 1학년 때에는 앞머리가 있었구나.’

인쇄된 사진을 모두 훑어보고 다시 앞장으로 돌아와 머리

글을 읽기 시작했다. 아마도 전대 위원장이었지 싶은 분의

인사글이 간략히 적혀있었다. 그다음 페이지를 넘기자 놀랍

게도 신입생 이야기가 1면을 장식하고 있었다.

‘내 글이 이렇게 메인에 실리는 거야!?’

당황한 마음에 밖으로 목소리가 나올 뻔하였다.

“찬양해 본 적은 있어도 생각해 본 적은 없었습니다.”

“믿는다 말해본 적은 있어도 신뢰해 본 적은 없었습니다.”

“기도해 본 적은 있어도 따라 걸어본 적은 없었습니다.”

대부분의 모태신앙이 그렇듯 익숙한 나의 신앙에 처음으

로 익숙하지 않은 예수님의 흔적을 따라 산 흔적들이 자랑

스럽습니다. 예수님의 정직함을 따라 커닝 추방운동을 했고, 예수님의 시선을 따라 소외된 자들을 찾아갔고, 예수님의 희생을 따라 나의 것을 내어줬으며, 그렇게 예수님의 흔적을 밟아보니 다른 세상이 보였습니다. 처음으로 제 삶이 예수님과 연결된 이 경험을 잊을 수가 없습니다. 아직도 따라 할 예수님의 성품이 가득입니다. 제가 살아가는 동안에 모든 성품을 모두 흉내 내어 볼 수 있으면 참 기쁨이겠습니다. 21학번 윤수진.

'어……? 수진 언니 글이다.'

수진 언니 글이라는 사실을 깨닫고 나는 천천히 다시 처음부터 글을 읽어 내려갔다. 수진 언니 목소리가 들리는 듯했다. 지하철에서 내가 내려야 할 역임을 알리는 안내방송이 나왔다. 나는 손에 들었던 핸드북을 가방에 다시 담고 고개를 들어 잠시 눈을 감아 눈의 피로를 풀었다.

'그렇구나……. 우리가 하는 건 모두 예수님의 흔적을 따라

한 거구나. 난 확실히 기독교 동아리에 가입한 게 맞구나.'

제목: 약국

"어서 오세요."

큰 유리문을 밀며 20대 후반쯤 되어 보이는 여성분이 들어왔다. 다른 손님과 다르지 않게 여성분은 인사를 받지 않고 데스크에 처방전을 올려두고 앞에 비치된 간이의자에 앉았다. 제조실 뒤에서 지희 어머니가 가운을 입고 나오더니 처방전을 들고 다시 제조실로 들어갔다.

지희의 소개로 지희 어머니가 운영하는 약국에서 짧게 아르바이트하기로 했다. 내 자리는 계산대 옆 컴퓨터 앞이었고, 계산하는 일과 약품이 나가고 들어가는 것을 컴퓨터에 옮기는 일이 내게 맡겨졌다. 평범하지 않은 아르바이트 자리였지만 지희처럼 외향적이지 못한 나에게는 일반 서비스직 아르바이트보다는 훨씬 적성에 맞았다. 약사님이 제조약과 처방전을 제조실에서 가지고 나오며 나에게는 처방전을, 손님에게는 약 복용법을 설명하며 봉투에 약을 담았다. 손님이 카드를 건네자 약사님이 카드를 받아 내게 건네며 가격을 불러주었다.

"영수증은 버려주세요."

카드와 함께 영수증을 건네자 차가운 음성이 들려왔다. 이 아르바이트를 하면서 깨달은 건데 약국 손님들은 대부분 불친절하고 차가웠다. 특히 처방전을 들고 오는 손님들이 대부분 그랬다.

'병원 의사 선생님이 불친절한가?'

병원과 약국은 오전이 바쁜 시간대라고 한다. 정신없이

시간을 보내고 보니 벌써 점심시간이었다. 별도의 점심시간을 가지지 않는 약국도 많지만 여기는 병원 점심시간 맞춰서 점심시간을 가진다. 오늘은 떡볶이를 배달시켰다. 테이블에 마주 보고 앉아 식사 준비를 했다.

"여기서 며칠 일해보며 느낀 건데, 인근 병원이 불친절한가요? 손님들이 대부분 냉랭해서요."

테이블에 올려진 플라스틱 그릇들을 열며 말했다.

"아, 그거? 보통 처방전을 들고 온 사람들이 그렇지? 아무래도 병원은 사람들이 별로 오고 싶지 않은 곳이고, 비용도 비싼 데다가 예상하지 못한 채 오는 곳이라 그런 사람이 많아. 특히 처방전을 가져오는 사람들은 약국 직원과 직접 이야기할 필요도 잘 없으니 더욱 그렇고……. 다들 지쳐서 그런 거니 너무 마음에 담아두지마"

지희 어머니가 나를 달래며 말했다. 이야기를 듣고 보니 나도 병원의 처방전을 들고 약국을 방문할 때는 오전에 오던 여느 손님과 다르지 않았던 거 같다. 자신의 과거가 조금 부끄러워졌다.

식사를 마친 후 노곤해질 무렵 이제야 약국 전체를 둘러볼 여유가 생겼다. 입구 기준으로 우측과 좌측에 진열대가 있고 가운데 손님이 잠시 앉을 수 있는 의자가 있는 작은 공간이었다. 우측에는 대일밴드 같은 상비 용품과 건강기능식품이 배치되어 있었고 반대편에 불과 얼마 전만 해도 없어서 판매하지 못했던 마스크가 제 주인을 찾지 못한 채 종류별로 가지런히 모여있다.

'딸랑'

정면의 유리문이 열리고 30대 초반 정도 되어 보이는 여성분이 들어왔다.

"어서 오세요."

나는 상투적인 인사를 건넸다.

"몸살감기약 하나만 주세요."

"어? 안녕하세요? 얼마 전에도 몸살로 오시지 않았어요?"

데스크에 앉아 있는 내게 말을 걸었지만, 뒤에서 듣고 있던 약사님이 대신 대답했다.

"아, 네 맞아요. 이번 몸살은 좀 오래가네요."

여성의 기운 없는 목소리가 아무래도 며칠 밤낮을 고생해

지친 듯해 보였다.

"이상하네요. 그 약 먹고도 몸살이 오래가진 않는데……."

"민하야, 너 지금 편의점 가서 이온음료 하나만 사 오렴"

"네? 지금 바로요?"

"어, 그래 지금. 어서 다녀오렴."

약사님은 다급한 듯 내게 카드를 밀어 넣으며 말씀하셨다. 나는 얼떨떨하게 카드를 받아 들고 '네.'라고 말끝을 흐리며 카운터를 나왔다.

'손님도 있는데 갑자기 심부름이라니……. 타이밍 참 묘하네. 그나저나 이온음료라……. 정확히 뭘 사가면 되는 거지?'

라고 생각하며 약국을 나와 편의점이 있는 방향으로 큰 길을 따라 걸었다. 건물 안에만 있어서 몰랐는데 밖은 벌써 햇빛을 듬뿍 머금은 상태였다. 아스팔트 바닥에서 후덥지근한 열기가 올라왔다.

약사님은 지희를 닮아 수다스럽고 엄청 외향적인 분이다. 정확히는 지희가 엄마를 닮은 거겠지만 말이다. 오전에는 보통 처방전을 들고 오는 손님이 대부분이라 이렇다 할 이야기를 나누지는 않지만, 오후에는 유독 말씀이 많아지신다. 손님들의 증상에 대해 자세히 물어보는 것으로 시작해서 종종 푸념을 늘어놓는 분들도 계시는데 싫은 내색 하지 않으시고 거의 모든 이야기를 다 들어주신다. 개중에는 자꾸 말을 시켜서 불편해하는 손님도 있지만 이런 이유 때문에 우리 약국만 찾는 손님도 있다. 대부분 이야기 상대가 없어 외로우신 어르신이 우리 가게 단골손님이다. 심지어 그들에게는 사실 약이 필요해서 오는 건 아니라며 약을 팔지 않기도 한다. 약사로서 하나라도 더 팔아야 하는 것이 아닌가 생각했지만, 신념 같은 거라고 하셨다.

이온음료를 들고 왔던 길을 돌아갔다. 약국의 큰 유리문 앞에서 몸살로 약국에 들렀던 여성 손님이 나오는 것을 마주쳤다. 나는 가벼운 묵례를 했고 여성 손님은 미소로 받아주었다.

"다녀왔습니다."

약국 문을 열며 들어갔다. 심부름으로 사 온 음료수와 카드를 건네드리며 내 자리에 앉았다.

"약사님, 판매 기록은 며칠 전 기록한 몸살약으로 기록하면 될까요?"

나는 지난 판매 기록을 검색하며 물었다.

"아니, 임신테스트기랑 엽산 기록해 둬"

"네, 임신테스트기랑……. 네? 임신테스트기요?"

나는 검색하던 손을 멈추고 약사님을 보며 놀란 채로 말했다.

"그래, 임신테스트기랑 엽산. 그분 아무래도 임신 초기인 것 같더라고. 본인은 눈치채지 못하고 있는 것 같았지만"

"아……."

본인도 모를 수 있는 것을 어떻게 알아낼 수 있었는지 의문을 가진 채 모니터에 임신테스트기와 엽산을 기록했다. 판매 기록을 기입하는 사이 다른 손님이 들어와 이미 약사님이랑 이야기를 하고 있었다.

'지희 엄마는 저렇게 자기도 모르는 이유를 찾아내는 거구나' 단순한 수다로만 생각했던 이야기들을 돌아보니 모두 손님을 위한 약사의 역할에 충실했던 것 같다. 모니터 바탕화면에 며칠 동안 봐오던 이상한 글귀가 더 눈에 띄었다.

'그들은 약을 사러 온 것이 아니다.'

약국 컴퓨터에 이게 무슨 소린가 싶었지만, 오늘 나는 이

뒤에 생략된 문장이 있다는 것을 깨달았다.

'낫기 위해 약국에 오는 것이다.'

뒤에 생략된 문장이 있다는 것을 깨달았다.

'낫기 위해 약국에 오는 것이다.'

Ⅱ. 여름빛이 스며들던 하루들

제목: 비

　엄청난 폭우가 쏟아지는 장마의 계절이 왔다. 나는 우산을 쓴 채 현관에서 이소가 나오기를 기다리고 있었다. 풀 내음이 코끝을 자극했다. 그 풀 내음을 따라 우산을 살짝 들어 앞을 바라보았다. 넓은 광장 한쪽으로 잔디정원이 보였다. 비가 오지 않았다면 아침 공기를 맡으며 산책하기에도 좋아 보였다.

　　지희의 권유에 못 이겨 3박 4일이나 되는 기나긴 동아리 수련회에 참석하게 되었다. 우리는 이것을 대학생 대회라고 부르는데 같은 동아리에 가입한 전국의 대학생이 모두 참여하는 1년에 한 번 있는 큰 집회라고 했다. 우선 우리 동아리가 전국구 동아리라는 데에 한 번 놀랐고, 1년에 한 번씩 모인다는 사실에 또 한 번 놀랐다.

　　이런 곳에 이소가 왜 있냐 하면 지난달 병원에서 지희와 이야기를 나눈 뒤 나도 마음이 누그러져서 이소와 사귀기로 했다. 그런데 갑자기 수련회까지 따라오겠다 해서 난감해하고 있었는데 지희가 전도도 되고 좋으니 오라고 멋대로 허락해 버렸다. 그래서 저기 천진난만하게 나오고 있는 이제는 남자 친구가 된 이소의 행동에 또 놀라지 않을 수 없었다. 참고로 우리 수련회는 가격이 15만 원이다. 대학생 신입생이 단순히 여자 친구를 따라가기에는 부담스러운 가격이란 말이다. 그럼에도 이소는 천진난만한 얼굴을 한 채 나오고 있다. 강아지 같은 면이 조금(?) 귀엽기도 한 것 같다는 생각이 들었다.

"미안, 많이 기다렸어?"

이소가 눌러 신은 운동화 뒷굽을 뒤꿈치로 정리하며 걸어 나왔다. 손에 우산을 들고 있으면서 비를 맞으면서 기어이 내 우산 안으로 들어왔다. 본인 우산을 펴라고 했지만 내 우산을 뺏어 들며 그냥 같이 쓰자고 했다. 갑작스럽게 이소와의 거리가 가까워져서 얼굴이 후끈해졌다. 종종 이렇게 거침없는 이소가 당황스러울 때도 있지만 이러지도 저러지도 못하는 나를 이끌어주는 느낌이라 한편으로 든든하기도 했다.

삼삼오오 자기 우산을 쓰고 주 집회장이라고 부르는 대강당으로 다들 분주하게 이동하고 있는 가운데 우리만 한 우산을 같이 쓰고 걷고 있었다. 정확히는 우리만 우산이 두 개인데 한 우산을 같이 쓰고 있었다. 뭔가 민망해져서 이소의 손에서 아직 펼치지 않은 이소의 우산을 뺏어 들어 펼쳤다. 우산이 두 개나 있는데 왜 하나로 나눠 쓰냐며 투덜거렸다. 이소는 약간 아쉬운 듯 입술을 삐쭉 내밀었다. 그렇지만 어쩔 수 없다. 안 되는 건 안 되는 거다. 대신 살짝 토라진 이소의 옆구리를 찔러주었다. 이소는 못 이기는 표정을 지어주었다.

주 집회장에서 우리 학교 사람들을 찾아보았다. 중간쯤 앉아 있다고 톡이 남겨져 있던 터라 중간쯤에 시선을 옮겨 보았다. 저기서 지희가 먼저 우리를 보고 손을 흔들어 주고 있었다. 사람들을 비집고 빗물로 젖어 미끄러운 바닥을 조심조심 걸으며 지희 옆으로 갔다. 나와 이소의 자리 두 자리를 맡아주고 있었다. 고맙다고 인사하고 자리에 앉자 긴장이 풀림과 동시에 땀인지 빗물인지 모를 끈적함이 목을 타고 흘러내렸다. 원피스 목덜미를 잡고 부채질을 했다. 옆에서 이소가 들어올 때 받은 순서지로 내 목덜미를 부쳐주었다. 지희의 따가운 시선이 느껴졌다. 이소가 들고 있는 순서지를 뺏어 직접 부쳤다.

조금 진정이 되자 에어컨 바람도 느껴지고 전체적으로 시원한 기운이 느껴졌다. 곧이어 찬양 인도자가 시원한 기타 소리와 함께 찬양을 시작했다. 다른 악기들도 순서대로 제 차례에 맞추어 울리기 시작했다. 홀은 금세 청아한 소리를 반사하면서 공간을 충만하게 채웠다. 사람들은 하나둘 자리에서 일어나 박자에 맞추어 손뼉 치며 찬양을 따라 부르기 시작했다. 이제 공간은 대략 천명의 소리로 울리기 시작했다. 천명의 소리는 하나가 되어 거대한 힘이 되어 보였다. 전국에서 모인 이 집단이 가진 힘이라면 무엇이든 이룰 것만 같을 정도로 압도적이었다. 이 느낌을 난 평생 잊을 수 없을 것 같다는 생각이 들었다. 정확히는 영원히 간직하고 싶다는 굳은 의지가 생겼다. 그 날 밤 내 안에도 신앙이 생겼으면 하는 간절한 바람이 들었다.

제목: 해

　　대학생 대회에는 특별한 기획이 있다. 바로 〈복음학교〉라는 것이다. 복음학교는 이제 신앙을 시작하게 된 비기너를 위한 특별 과정이라고 한다. 원래는 지희와 같은 선택 강의를 고르려 했으나 지희의 권유로 이소랑 같이 복음학교를 수강하게 되었다. 복음학교에 처음 갈 때에는 선하신 간사님의 설교가 오버랩되어 발걸음이 무거워지는 신기한 경험

을 했으나, 벌써 3일째인 지금은 복음학교의 시간이 기다려졌다. 지금까지 만났던 전형적인 기독교인이 아니라 다양한 형태와 다양한 생각으로 이루어진 강의와 토의에 점점 흥미를 붙여갈 수 있었다. 무엇보다 같은 신앙의 비기너가 모인 곳이라 신앙의 동기가 생겨 더욱 친밀감을 느낄 수 있었다. 활발한 이소의 덕이기도 하겠지만 나도 꽤 많은 친구를 사귀었다.

오늘은 평소의 강의식이 아닌 토크쇼를 진행하는 것처럼 강의실에 있던 의자와 책상을 모두 치우고 바닥에 매트와 함께 호스트만 작은 의자에 앉도록 세팅되어 있었다. 너무 앞은 목도 아프고 부담스러울 테니 나는 이소와 함께 중간쯤 오른쪽에 자리를 잡았다. 오늘은 Q&A 토크쇼를 진행하는 순서라고 공간도 편안하게 꾸며놓은 섬세함에 초대받은 귀한 손님이 된 것 같아 내심 기분이 좋았다.

Q. 대체 하나님은 왜 선악과를 만드셨나요?
사회자가 지난 시간 이미 서면으로 받은 질문지 하나를

펼쳐 읽었다. 나도 궁금해했던 것이었는데 안다고 해서 달라질 것 없을 것 같아 다른 질문을 적어냈다. 사회자는 이 질문이 단골 질문이라며 말을 이어갔다. 거의 대부분의 대답은 질문의 의도를 이해하고 시각을 바꾸는 방식으로 이루어졌다. 풀리지 않을 것 같던 의문과 문제들이 다른 시각으로 바라보자 너무 쉽게 해결되곤 했다.

Q. 꼭 기독교인끼리 교제해야 하나요?-도이소

이소의 질문이 뽑혔다. 뭘 적었는지 그렇게 물어봐도 대답해 주지 않던 것이었다. 고개를 돌려 옆에 앉아 있는 이소의 얼굴을 빤히 바라보았다. 내 시선을 느끼면서도 이소는 기어이 나와 눈을 마주치지 않은 채 억지로 정면을 주시했다. 결국 아무런 말을 하지 않은 채 나도 시선을 거뒀다.

사회자가 이소를 찾았다. 빠꼼히 손을 든 이소와 사회자가 눈이 마주쳤다. 사회자는 이소에게 지금 교제하는 이성 친구가 있는지, 있다면 그 이성 친구는 기독교인이 아닌지 물어봤다. 이소는 이성 친구가 있고, 기독교인일 거라고 애매하게 대답했다. 그러자 사회자가 대답의 의도를 파악하지 못하고 재차 물었다.

"지금 교제하고 있는 이성 친구가 기독교인인데, 이 질문이⋯⋯. 혹시 여자 친구가 둘이에요?"

사회자가 장난기 어린 목소리로 물었다. 무거웠던 분위기가 갑자기 풀어지면서 키득대는 소리가 들렸다. 웃음소리를 뚫고 이소가 조심스럽게 입을 열었다.

"그게 아니고⋯⋯. 사실 제가 기독교인인지 모르겠어서요⋯⋯. 물론 앞으로 될 거라는 확신도 없고요."

이소의 진심 어린 고민과 고백에 분위기는 다시 숙연해졌다. 사회자는 짧게 '아' 탄식을 냈고 다음 이을 말을 찾았지만 쉽게 찾지 못하는 들고 있던 마이크를 내려 들었다.

이소는 행동하는 것과 다르게 생각이 깊다. 가끔 집착적이라고 생각될 정도로 이렇게까지 고민하나 싶긴 하지만 뭔가 철학적인 느낌도 나서 그런 이소의 모습이 싫지는 않다. 그럼에도 이소는 이미 나랑 사귀기 시작했으면서도 여전히 저 질문에 대한 답은 찾지 못해 불안해하고 있었다. 종교적인 이유로 이소와 헤어질 수도 있다는 생각을 나는 해보지 않았다. 그렇지만 언젠가 내게도 이에 대한 대답이 필요한 시기가 올 것이라고 어렴풋이 느껴졌다. 아마 이소는 이 느낌을 이미 선명하게 느끼고 있는 것이 아닐까 싶다.

사회자는 결국 이소의 질문에 명확한 대답을 내지 못했다. 양쪽 모두 명확히 장단이 있으며 교리나 신학적으로 정리할 문제가 아니라고 했다. 그럼에도 사회자는 양쪽의 장단을 잘 이야기해 주며 결국 스스로의 답을 찾아낼 시기가 올 거라며 이야기를 매듭지었다. 생각이 많아진 채로 행사장을 나왔다. 오늘 새롭게 생긴 여러 고민에 모두 답을 찾게 될 순간이 언젠가는 내게 올 것이다. 그 답들이 오늘의 나를 후회하지 않도록 했으면 했다. 건물을 나오자 마치 내 마음을 응원하듯 하늘엔 강렬한 햇빛이 구름을 모두 밀어낸 뒤였다.

제목: 물총

"친구야! 얼굴에 쏘면 안 되지!"

지희가 큰 소리로 물총을 가지고 장난치는 아이를 다그쳤다. 아이는 들었는지 말았는지 쏘고 있던 물총을 거두고 얼른 도망갔다. 그 뒤를 이소가 물총을 쏘며 쫓고 있다. 정말이지 이럴 때 보면 수준이 딱 맞는 것 같다.

강렬한 햇빛 아래 우리는 아이들과 함께 물놀이를 하고 있다.

'방학 중 모임'이라고 줄여서 '방중모임'이라 부르는 모임으로 운동원(아, 참고로 우리는 서로를 운동원이라 불렀다.)들이 한데 모였다. 이번 모임은 특별히 주일학교나 청소년 여름 수련회를 자체적으로 할 수 없는 근교의 미자립 교회에 방문해 수련회를 지원하고 진행해 주는 '아웃리치' 활동으로 방향성을 잡고 기획했다고 한다.

그래서 지금 교회 앞마당에 미니 풀장을 설치해 두고, 아이들은 삼삼오오 모여 물총을 쏘거나 물풍선을 던지며 놀고 있다. 개중에 이소가 끼어 있는 거다. 지희는 안전 담당으로 호루라기를 불며 위험한 행동을 하는 아이들에게 주의를 주고 있다. 체육 선생님이라 불러도 전혀 손색이 없는 카리스마 있는 모습이다.

나는 아이들이랑 놀거나 하는 게 낯설기도 하고 성격상 어려운 점도 있어서 수진 언니를 도와 주방을 담당했다. 점심을 먹고, 주방을 정리하고 나오니 청량한 하늘에 강렬한 여름 햇빛이 나를 반기었다. 뜨거운 햇살을 피해 간이파라솔 아래 놓인 의자에 앉아 평화로운 일상을 바라보고 있자니 솔솔 잠이 오기 시작했다.

그때 갑자기 얼굴에 차갑고 따가운 무언가가 나를 강하게 때렸다. 정신을 차리고 보니 한 아이가 나를 향해 물총을 쏘고 있었다. 나도 모르게 요상한 비명 소리를 냈다. 내 비명 소리를 듣고 저 멀리서 지희가 "야!" 소리 지르며 내게 달려왔다. 아이는 지희가 오기 전에 서둘러 도망갔다. 달려온 지희가 내 머리에 묻은 물을 털어주며 말했다.

"에구, 다 젖었네……."

나는 멋쩍게 웃으며 괜찮다고 대답했다.

"으이그! 내가 따끔하게 혼내주고 올게!"

지희는 그렇게 말하고 내가 말리기도 전에 아이를 뒤따라갔다.

지희가 가고 젖은 옷을 이리저리 털다 보니 흰 티를 넘어

베이비핑크의 속옷이 살짝 비쳐 보이는 듯했다. 나는 당황해서 한 손으로는 옷을 가리고 한 손으로는 달라붙은 옷을 몸에서 떼어냈다. 그러고 이걸 어떻게 말려야 될까 생각했다. 그때 갑자기 뒤에서 인기척이 느껴졌다. 이소가 자기 셔츠를 벗어 내 어깨에 둘러줬다. 이소의 섬세함에 고마움을 표현했다. 이소는 묵묵히 웃어 보였다. 닮았다.

"대학생 첫 방학인데 이런 봉사활동 같은데 와있어도 후회 안 하겠어?"

어쩌다 따라와 준 이소에게 내가 물었다.

"허투루 보내는 것보단 보람차고 재밌어! 따라오길 잘했어!"

활기찬 목소리로 이소가 대답했다. 표정을 보아하니 적어도 거짓말은 아닌 것 같아 다행이다. 나도 개인적으로 나태하게 보내는 일상보다는 훨씬 보람차서 조금은 힘들어도 참여하기에 정말 잘했다고 생각했는데, 이런 점은 이소와 똑 닮아 다툴 게 없어서 좋았다.

"그나저나 저녁은 뭐야? 애들이랑 뛰어다녔더니 벌써 배고프다."

이소의 질문이 너무 천진난만해서 피식 웃음이 나왔다.

"주방의 비밀을 알려 하지 마라."

이소에게 단호한 척 말했다. 이소의 살짝 실망 어린 표정. 귀엽다.

우리의 방중모임은 화려하진 않았지만 특별했고, 보람찼다. 그리고 세상까지는 아닐지라도 적어도 교회에는 하나의 의미였다. 언젠가 함께 불렀던 찬양의 가사가 떠올랐다.

「우리 있음이 세상의 좋음 되도록」

이 가사가 이렇게 현재적인 고백일 것이라곤 생각지 못했다. 적어도 오늘 나의 있음은 세상의 좋음이었기를 소망했다.

제목: 조명

    소녀는 노는 게 좋았다. 특히 음주를 즐겼다. 처음에는 술을 마시면 용기가 생기는 자신이 멋져 보였다. 덕분에 친구도 많이 생겼다. 소녀는 술을 좋아했다. 그런데 언제부터인가 소녀는 술을 마시지 않으면 자신으로 존재할 수 없었다. 그래서 소녀는 매일 술을 마셨다.

소녀는 돈이 많이 필요했다. 매일 술을 마셔야 했기 때문이다. 소녀가 돈을 벌지 않았던 것은 아니었다. 열심히 까지는 아니더라도 소녀도 여느 대학생처럼 아르바이트를 했다. 그래도 소녀는 매일 술을 사 마셨기에 늘 돈이 부족했다. 소녀는 술 대신 밥을 거르기로 했다. 다이어트도 되지 않을까 하고 소녀는 생각했다. 너무 배가 고프던 어느 날 소녀는 큰돈을 벌 수 있다는 구인 광고를 봤다. 유흥주점이었다. 소녀는 그중에서도 그나마(?) 건전하다는 곳을 찾았다. 딱 한 번에 큰돈을 벌 수 있다 했다. 소녀는 그렇게 딱 한 번 돌이킬 수 없는 선택을 했다. 한 번은 괜찮을 거라고 스스로를 격려했다. 큰돈을 벌었다고 생각해 그만두려 하니 갑자기는 안 된다며 과도한 수수료를 요구당했다. 그럼에도 소녀는 과도한 수수료를 내고 나왔다. 번 돈을 모두 수수료로 지불했지만 최근 들어 처음으로 그나마 잘한 일이라고 생각했다.

소녀의 방은 어두웠다. 오랫동안 청소를 하지 않아 퀴퀴한 냄새가 났다. 치열했다고 생각했던 소녀의 삶에 남은 게 없었다. 정확히는 더럽혀진 몸이 남아 있었다. 소녀는 깨끗이 씻고 싶었다. 샤워를 했다. 여전히 찝찝했다. 목욕을 했다. 그럼에도 더럽혀진 몸은 좀처럼 깨끗해지지 않았다. 타올로 빡빡 문질렀다. 피부는 빨갛게 달아오르는데 점점 더러워지는 기분이었다. 소녀의 앞에 소주병이 보였다. 소녀는 술을 벌컥 들이켰다. 어지럼증이 찾아왔다. 구역질도 났다. 소녀는 더러움에 구역질이 났다고 생각했다. 결국 소녀는 살갗을 벗겨내고 새살이 돋아야 한다고 생각했다. 술병을 바닥에 내리쳤다. 그것은 날카로운 칼날이 되었다. 팔을 그었다. 피가 흘러내렸다. 따뜻했다. 더러움이 씻겨가는 것 같았다. 소녀는 다리도 그었다. 같은 느낌이다. 소녀는 해방될 수 있을 것 같았다. 소녀는 목도 씻고 싶었다. 소녀가 목으로 이제는 칼날이 된 유리 조각을 가져갔다. 소녀는 눈에 눈물이 흘렀다. 소녀가 눈을 감았다. 모든 것이 어두워졌다.

나는 옆에 앉아 있는 지희의 손을 꼭 잡았다. 소녀를 향한 아쉬움과 세상을 향한 분노가 담겨있었다. 잠시 뒤 한 조명이 무대 뒤를 비추자 천천히 글자가 나타났다. 글자는 오버랩되면서 한 문장씩 나타났다.

우리가 정확히 알지 못하는 영적인 세계에서는

사소한 일탈이 결국 돌이킬 수 없는 곳까지 이르는

안타까운 일들이 많이 일어나고 있습니다.

오늘 우리가 보았던 소녀처럼 말이죠.

영의 세계에서 당신이 소녀를 멈추지 않는다면

소녀는 영영 돌아오지 못할지도 모릅니다.

글자가 천천히 사라지고, 조명은 무대 뒤에서 소녀로 옮겨갔다. 눈을 꼭 감고 있던 소녀가 빛에 의해 인상을 찌푸렸다. 소녀는 찌푸린 얼굴로 빛의 원천을 찾기 위해 한쪽 눈을 떴다. 손에 들려있던 유리 조각이 유난히 빛났다. 소녀는 놀라 유리 조각을 떨어트렸다. 소녀는 자신을 비추는 빛을 바라보며 깊게 호흡했다. 무대의 막이 내리면서 조명도 점점 어두워졌다. 무대의 막이 모두 내리자 공간은 다시 어두워졌다.

그리고 커튼 위로 또 다른 글자가 나타났다.

오늘은 제가 소녀를 멈췄습니다.
내일은 당신 차례입니다.

긴 여운이 남겨진 무대에는 반 박자 느린 박수갈채가 쏟아졌다. 나도 회중을 따라 크게 박수를 보냈다. 인간의 타락과 하나님의 긍휼을 비춘다는 모토를 가진 '더 라이트닝'의 공연이었다.

Ⅲ. 가을빛이 스며들던 하루들

제목: 연탄

　정확히 세지는 않았지만 벌써 100장은 넘게 나른 것 같았다. 가을 학기 개강과 거의 동시에 우리는 과제 등으로 바빠지기 전에 연탄 나르기 봉사를 계획했다. 연탄이란다. 지금이 벌써 2022년인데 아직도 연탄이라니 믿기지 않았다. 책에서만 보던 연탄을 직접 보기도 하고 만져볼 수 있다는 생각에 준비할 때만 해도 너무 즐거웠다. 하지만 현실

은 달랐다. 처음 몇십 장 나를 때까지만 해도 괜찮았다. 이렇게만 하는 거라면 저 한편에 쌓아둔 연탄을 모두 나르는 것은 시간문제였다. 그런데 삼십 분이 채 지나지도 못해 내 체력은 바닥나고 말았다. 연탄을 나르려고 일렬로 줄을 선 가운데 앞뒤로 허리를 돌릴 때마다 허리에서 뚝뚝 소리가 나는 듯했다. 팔에도 평소 쓰지 않던 근육을 써서 그런지 팔은 제대로 올라가지도 않았다.

"딱 10분! 10분 뒤 교대입니다. 조금만 더 힘냅시다!"
작업반장 같아 보이는 아저씨가 큰 소리로 외쳤다.
'그래 10분, 딱 10분이다.'
뭔가 기운이 솟는 듯했다. 계절은 이제 점점 서늘함을 더해가고 있었지만 몸에는 땀이 났다. 여러 사람이 모여 좁은 공간에서 함께 숨을 헐떡였다. 내 뒤로는 지희가 있는데 표정이 이미 넋을 잃었다. 반면에 내 세 칸 앞으로 이소가 있는데 벌써 앞뒤 사람과 친해져서 해맑은 표정으로 이야기하고 있다. 누구 남자 친구인지 참 넉살이 좋다고 생각했다.
너무나도 흐르지 않을 것 같았던 시간도 어느덧 지나 교대의 시간이 되었다. 그동안 지쳐 말도 못 하던 봉사자들이 일제히 깊은숨을 내쉬었다. 나도 깊은숨을 내쉬며 얼굴로 흐르는 땀을 팔로 조심히 닦았다. 잠시 뒤 모르는 사람들과 이야기하던 이소가 캔 음료를 들고 왔다. 연탄 나르면서 친해진 앞에 형이 준거랬다. 이소에게 고맙다는 말을 전하면서 캔을 받아 들었다. 그러면서 이소의 얼굴을 보는데 어딘가 모르게 까무잡잡해져 있음을 깨달았다. 심지어 광대 쪽에는 검은 볼 터치를 해놨다. 그 모습이 귀엽기도 하고 웃기기도 했다. 얼굴을 닦아주려 이소 보고 가까이 오라고 했다. 순순히 얼굴을 내어준 이소에게 특히 눈에 띄는 볼 터치를 닦아준다고 문질렀다. 그러자 볼 터치는 더욱 까매져서 흑진주 팩이 되어 버렸다. 놀라서 내 손을 보니 아직 목장갑을 낀 채였고, 장갑은 원래 색을 알아볼 수 없을 정도로 이미 까매져 있었다.

"아, 임민하!"

내 표정을 보고 자신의 얼굴 상태가 어떻게 되었을지 깨달은 이소가 어이없다는 듯 이름을 불렀다. 그러고는 자기 손날로 내가 문지른 광대를 쓸어 올렸다. 그러자 흑진주 팩은 더욱 골고루 발리기 시작했다. 미안하면서도 웃음이 나와 참을 수가 없었다. 미안하다고 연신 말하면서도 계속 웃음이 났다.

"아무래도 어디 가서 씻고 오는 게 낫겠는데?"

너무 웃음이 나서 눈물이 날 지경이었다. 습관에 따라 검지로 눈두덩에 맺힌 눈물을 닦아냈다. 그러고는 여전히 목장갑을 끼고 있는 내 손을 바라보았다.

'아…….'

갑자기 웃음이 싹 사라졌다. 그리고 그 웃음은 이제 이소에게로 넘어갔다. 자기 인생에서 지금껏 보지 못한 최고의 다크서클이라며 놀려댔다. 한쪽에서는 이제 기력을 회복한 지희가 우리를 게슴츠레한 눈으로 우리를 바라보고 있었다. 지희를 보는데 민망해져서 씻고 오겠다며 서둘러 자리를 떴다. 지희의 시선이 따라오는 게 느껴졌다.

화장실에서 거울을 보니 눈 밑이 새까맸다. 황급히 물을 틀어 눈 밑을 문질렀다. 생각보다 잘 지워지지 않았다. 클렌징폼이 있었으면 했으나 비누도 보이지 않았다. 별수 없이

물로 지워봤지만 오히려 주변이 뽀얘져서 연탄 그을림이 더욱 두드러져 보였다. 아무래도 여기서 지우는 건 틀렸지 싶다. 눈 밑이 검은 채로 그대로 화장실을 나왔다. 이소를 마주쳤다. 부끄러워 황급히 손으로 얼굴을 가렸다. 손 틈새로 이소를 바라보았다. 이소의 얼굴도 까만 연탄 숯이 지워지지 못한 채였다. 기운이 빠져 가린 손을 내리고 그냥 웃어버렸다. 이소도 덩달아 웃었다.

얼굴 지우기를 포기한 채 모여서 쉬던 곳으로 돌아갔다. 다들 어느 정도 기력을 회복했는지 처음보다 더 시끌벅적했다.

"1조 단체 사진 찍을게요! 모여주세요!"

행동대장으로 보이는 풍채 있는 남성분이 큰소리로 외쳤다. 얼굴이 이 모양인데 사진이라니 최악이라는 생각이 들었다.

"때마침 왔네, 사진을 찍으려던 찰나였어."

뒤에서 수진 언니 목소리가 들렸다. 연탄 나를 때에는 배정받은 위치가 많이 떨어져 있어서 제대로 이야기하는 건 이번이 처음이었다.

"아, 언니. 저 이 얼굴로 사진 찍어야 해요?"

나는 눈 밑을 가리키며 우울한 목소리로 말했다. 수진 언니도 내 얼굴을 보자 웃음이 새어 나오는 듯 입가가 흔들렸다.

"선배, 민하 완전 판다죠?"

이소가 옆에서 거들었다. 팔뚝을 세게 한 대 때려줬다. 이소는 아파하면서도 여전히 히히덕 댔다. 얄밉기 짝이 없었다.

"언니, 저 사진 안 찍을래요."

살짝 짜증이 올라오기도 해서 수진 언니에게 투정을 부렸다. 그러자 수진언니는 나를 잠깐 바라보더니 손으로 자기 얼굴을 문질렀다. 수진 언니의 얼굴이 까맣게 얼룩졌다. 이소와 나는 수진 언니의 행동에 놀라 당황함을 감추지 못하고 얼었다.

"이러면 이제 공평하니 찍으러 가자! 연탄 날랐는데 얼굴에 연탄 묻은 것이 뭐가 어때서!"

더 이상 핑계를 댈 수 없어 수진 언니를 따라 사진을 찍으러 갔다. 괜히 수진 언니 사진까지 망친 것 같아 투정 부린 것이 후회됐다. 언젠가 이 사진을 꺼내 볼 날이 올진 모르겠지만 사진에 담긴 우리 모습을 보면 나의 어리숙함이 계속 생각날 것 같았다. 그렇게 내 어리숙함을 언니는 성숙함으로 덮었다.

계속 생각날 것 같았다. 그렇게 내 어리숙함을 언니는 성숙함으로 덮었다.

제목: 핫초코

'이제 전공을 정해야 할 때가 되었단다. 다음 시간 전까지는 가장 자신이 있거나 가장 좋아하는 과목이 무엇인지 정해오렴'

지도교수님의 숙제가 내려왔다. 언젠가는 결정해야 할 때가 오겠다고 생각했는데 예상보다 너무 일찍 그때가 와서 조금 당황스러웠다. 딱 반년 전 같은 고민을 했었던 것 같은데 그때에만 해도 꽤 시간이 있을 줄 알았다. 아직 장래를 선택하기에 나는 너무 어렸다. 그럼에도 친구들은 이미 자신이 갈 길을 정확하게 정해두었다. 많은 친구들이 TO가 높은 국어로, 역사로, 영어로, 그리고 수학으로 몰려있었다. 그리고 나에게도 선생님이 되고 싶으면 그 과목 중에서 하나를 고르면 된다고 어렴풋이 눈치를 주고 있었다. 밀려오는 압박에 숨이 턱 막혔다. 고개를 들어 크게 심호흡했다. 어느덧 무더위는 가시고 청량한 하늘이 눈에 들어왔다. 크게 한 번 더 숨을 들이쉬었다. 언젠가 한 번 가시고기 동아리에 기부하러 가기 위해 지났던 인문학관 건물이 보였다. 그대로 인문학관 건물을 지나 조금 언덕길을 따라 복지관으로 향했다.

오늘은 교회의 새가족부에서 교내 심방이라는 것을 하기로 약속한 날이었다. 교내 심방이란 말 그대로 새가족이 재학하고 있는 학교에 찾아와 심방하는 것을 말했다. 시간은 어떻게든 내 시간에 맞춰준다 하여 그나마 가장 수업이 적은 목요일로 약속을 잡았다. 진로지도 수업이 끝나면 5시쯤

될 것 같아서 복지관 카페에서 5시에 보기로 했는데 시계를 보니 아직 4시 30분 밖에 되지 않았다. 뭔가를 하기에는 애매한 시간이라 바로 카페로 이동했다. 적당히 음료를 마시면서 기다리기로 했다.

커다란 유리문을 밀자 웰컴종이 청아하게 울렸다. 점심시간에는 발 디딜 틈 없이 붐비던 카페도 오후가 되니 한산했다. 대부분의 학생들은 수업이 끝나고 친구와 놀러 가거나 집으로 빠르게 걸음을 옮겨 학교를 떠났다. 이 시간대에 여전히 남아 있는 사람은 과제가 남았거나 기숙사를 쓰는 학생들이었다. 물론 나와 같이 특별한 약속이 있는 예외도 있다.

내가 기다려야 할 것 같다고 생각했는데 놀랍게도 주영 언니와 집사님은 이미 음료를 한 잔 마시고 있었다. 민성 오빠는 시간이 맞지 않아 둘만 왔다고 했다. 나도 음료를 주문하고 같이 자리에 앉으려고 했으나 주영 언니가 재빠르게 음료 주문을 받았다. 교회에서도 많이 도움받아서 이번에 학교에 오면 음료 정도는 내가 사드리려고 했는데 아무래도 다음을 기약해야 할 것 같다. 주문 진동벨이 울리자 나는 손에 든 진동벨을 조금은 이른 핫초코로 바꿔와서 앉았다.

따뜻한 핫초코를 살짝 머금었다. 입안 가득 초코 향이 퍼졌다. 진정이 되는 느낌이었다.

"오늘도 많이 힘들었죠?"

집사님이 위로가 담긴 미소로 물었다. 으레 하는 말인 줄 알면서도 기분이 좋았다. 가벼운 인사가 오가고 요즘에 하는 공부는 어떤지 그리고 특별히 고민은 없는지에 대해 질문받았다. 나는 내 고민을 털어놓는 대신에 주영 언니와 집사님이 하시는 일과 그 일을 선택하게 된 계기와 만족도에 대해 물어보았다. 질문이었지만 사실 내 고민을 직접적으로 말할 수 없어 질문으로 바꾼 대답이었다.

주영 언니가 먼저 입을 뗐다. 주영 언니의 직업은 특별해서 이미 건너 들은 바 있었다. 분명 타투 스티커를 만들어 판매한다고 했던 것 같다. 직접 들으니 더욱 실감이 났다. 오늘도 손날에 꽃 모양의 레터링 타투를 반듯하게 붙여왔다.

진짜 타투를 한 것처럼 전혀 어색하지 않았다. 실제로 진짜 타투도 배웠기 때문에 할 수는 있다고 했으나, 아직 우리나라는 제도적인 여건이 마련되어 있지 않아 공식적으로 사업장을 낼 수 없다는 이야기도 덧붙였다. 뭔가 이루어 낼 수 없는 꿈을 향해 달려가는 것 또한 무엇을 이루어야 할지 모른 채 걷고 있는 나만큼 답답할지도 모르겠다는 생각이 들었다. 전혀 다른 상황에 같은 마음으로 주영 언니의 꿈을 응원했다.

집사님의 이야기는 조금 색달랐다. 집사님은 동네에서 작은 전기상회를 운영했다. 1인 가구나 원룸이 많이 분포되어 있는 동네였다. 자취를 해본 적도 없고 친구들도 이제 1년 차 자취생이라 자취에 대해 아는 것 하나 없었지만 혼자 살다 보면 생각보다 집안 전기제품이 많이 고장이 난다고 한다. 전자제품이 아닌 전기제품 말이다. 예를 들면 형광등이 들어오지 않아 전구를 갈았는데, 그럼에도 형광등이 들어오지 않는 경우가 대표적이라고 한다. 보통은 집주인에게 이야기해서 수리받는 경우가 일반적이라고 하지만 안

타깝게도 집주인이 바로 수리를 할 수 있는 상황인 경우가 잘 없으니 집사님에게 연락이 온다고 한다. 나름의 상부상조인 시스템인 거다. 새로운 세상을 하나 더 알게 된 것 같았다.

그런데 집사님은 원래 전기상회를 하고 싶었던 것은 아니었다며 말을 이었다. 그리고 지금도 전기상회를 하고 싶어서 계속하는 것도 아니라는 말까지 더하셨다. 집사님께서 진짜 하고 싶으신 일이 무엇인지 궁금해졌다. 하지만 집사님은 하고 싶은 일을 말씀하시지 않고, 무슨 일을 하느냐보다는 왜 그 일을 하고 있는지가 중요하다고 하셨다. 예를 들어 노인을 돕고 싶은 동기가 있다면 직업이 사회복지사든 의사든 요양보호사든 중요하지 않다는 것이다. 그러면서 하나님께서 사명을 맡길 때 직업으로 주시지 않는다고 설명했다. 직업은 동기를 실천하기 위한 수단으로 생각해야 한다고도 덧붙였다. 만약 의사로 살다가 하루아침에 더는 의사를 할 수 없게 될 수도 있는데 그런 날에 여전히 내가 하나님을 신뢰할 수 있으려면 명확한 직업이 아닌 명확한 동기가 필요하다고 말씀을 이었다.

생각해보니 내 꿈은 어느새 이유는 없어지고 형태만 남았다. 그래서 선생님은 되고 싶은데 왜 선생님이 되고 싶은지에 대해서는 도무지 답을 낼 수 없었다. 집사님의 직업관에 대해 이야기를 듣고 나니 뭔가 위로가 되었다. 무얼 하고 싶은지가 크게 중요하지 않으니 지금 그것을 모른다고 큰일이 나는 건 아니겠다는 생각이 들었다. 지도교수님의 숙제는 다음 주에도 시원하게 대답하지 못할 것 같았다. 그래도 잃어버렸던 동기만 되찾으면 너무 늦지 않게 답을 찾아낼 수 있을 거라는 자신감이 생겼다.

IV. 겨울빛이 스며들던 하루들

제목: 전지

    2학기는 1학기보다 더욱 빨리 지나갔다. 또 한 차례의 커닝 추방운동이 있었고, 한 학기가 지났다고 커닝이 당연시 되고 있는 교양과목에 벌써 익숙해져 버린 자신을 발견했다. 우리의 운동에는 어느 효과성도 눈으로 확인할 수 없었다. 그럼에도 우리는 꾸준히 그리고 성실하게 이뤄지지 않을 것을 바라보며 착실하게 실천해 갔다. 비록 여기서는 작은

움직임으로 머물겠지만, 전국에 퍼져있을 운동원을 생각하면 언젠가 세상이 바뀔 수도 있겠다는 희망을 가지기도 했다.

폭풍 같았던 과제 시즌이 지나고 잠시 숨을 돌릴 시기에 홈커밍데이가 준비되고 있었다. 언젠가 소식지에서 선배님들을 뵐 날을 기대한다고 적었던 거 같은데 그날이 벌써 성큼 다가왔다. 졸업한 선배님들은 각지에서 어떻게 살고 계시는지, 그리고 우리에게 무슨 이야기를 해주실지 기대되었다. 평일에 시간을 내기 어려운 선배님들을 배려하여 요일은 토요일로 정해졌다.

금요일 저녁 학교가 가장 한산한 시간에 우리가 함께 모인 강당만 밝게 밝혀놓은 채 시끌벅적하다. 넓은 공간에 서로의 목소리가 메아리쳤다. 지희랑 나는 열심히 한쪽에서 데코용 풍선을 불었다. 20대가 되었다고 폐활량이 많이 부족해졌는지 풍선을 하나 불자 머리가 핑하니 어지러웠다. 아무래도 운동을 조금은 해야 하지 않나 싶다. 다 분 풍선을 도저히 어떻게 해도 묶을 수 없어서 이소가 옆에서 다

분 풍선을 열심히 묶고 있다. 지희도 풍선을 묶을 수 없어서 이소가 둘이 왜 친구인지 알겠다며 옆에 앉아 도와주고 있다. 다른 선배들은 우리가 전달한 풍선을 일사불란하게 강의실 곳곳에 붙이고 있다. '휑'했던 강당이 나름대로 행사 공간으로 완성되어 가고 있었다.

이제 거의 나의 우상이 되어 버린 수진 언니는 점잖으면서도 똑 부러지는 성격 탓에 전체적인 행사 공간 꾸미기의 진두지휘를 맡고 있다. 큰 소리로 이렇게 저렇게 지시하는 경우는 없지만 조곤조곤하게 전하는 한 마디 한 마디에 힘이 있어 3, 4학년 선배님도 다 수진 언니의 이야기에 일사불란하게 움직였다. 수진 언니가 우리 담당인 것이 너무 자랑스러웠다.

"오늘은 이쯤 하고 내일 아침에 한 번 더 체크해 볼까요?"
수진 언니의 컷 사인이 났다. 홈커밍데이는 이제 바로 내일 11시다. 우리는 웰커밍을 위해서 1시간 일찍 와서 졸업하신 선배님들을 기다릴 계획이다. 건물을 나오니 벌써 밖은 어두워져 있었다. 하지만 시간은 아직 오후 8시가 채 되지 않았다. 확실히 낮이 짧아졌다는 것을 느낄 수 있었다. 내일은 절대 늦을 수 없는 중요한 자리니 모두 일찍 귀가하여 쉬기로 했다. 1학기에 작성했던 소식지를 읽으신 선배님들이 온다는 생각에 잠이 잘 올진 모르겠지만 나도 어서 집에 가서 쉬어야겠다고 생각했다.

"아! 참, 신입생들은 장기자랑 하나씩 준비해야 하는 거 알지?"

위원장 오빠가 갑자기 생각났다는 듯 말했다.

"네!?"

나도 모르게 큰 목소리가 났다.

"어라? 내가 말 안 했었나? 홈커밍데이 때 신입생 소개 시간이 있는데 그때 장기자랑도 하나 해야 해."

신입생 소개 시간은 들어봤어도 장기자랑 이야기는 처음이다.

"장기자랑 이야기는 없었어요!"

이번엔 지희가 항변했다. 위원장 오빠는 여전히 분명 말했을 텐데 왜 다들 기억을 못 하는지 모르겠다는 표정이었다.

"언니, 언니도 작년에 장기자랑 했어요!?"

이번엔 내가 수진 언니에게 물었다.

"그럼, 원래 다 하는 거야."

장기자랑이라니……. 내세울 장기가 없을뿐더러 너무 갑작스러웠다. 서둘러 집에 가서 뭐라도 찾아봐야겠다는 생각이 들었다.

아침 공기는 선선했다. 밤낮으로 쌀쌀한 날씨 탓에 감기에 걸리기 쉬운 날씨였다. 지하철에 내려서 캠퍼스까지 걸어 올라가는 길에 이소를 만났다. 시간은 아직 오전 9시 반, 약속 시간보다 조금은 일찍 도착할 시간이라 아무도 마주치지 않을 줄 알았다. 이소도 같은 생각을 했는지 일찍 왔다며 반갑게 인사를 건네주었다. 어제 갑자기 장기자랑 이야기가 나와 걱정돼서 한숨도 못 잤다고 투정을 부리며 이소에게 준비한 장기자랑이 무엇인지 물었다. 표정을 보아하니 뭔가 준비하긴 한 것 같은데 비밀이라며 알려주지 않았다.

'흥, 내 장기도 비밀이다.'

이소랑 투닥거리며 걷다 보니 벌써 어제 꾸며둔 강당에

도착했다. 강당 창문 너머로 빛이 새어 나오는 거 보니 우리보다도 더 먼저 온 사람이 있는 것 같았다. 조심히 문을 열고 이소와 함께 인사하며 들어갔다. 그리고 나는 놀랄 수밖에 없었다. 한두 명 먼저 와서 기다리고 있을 거라고 생각했는데, 반대로 한 두 명 빼고 거의 다 모인 정도였다. 심지어 둘러앉아서 유부초밥을 먹고 있다. 수진 언니가 나랑 이소를 향해 어서 와서 같이 먹으라고 했다. 아침을 못 먹고 올 운동원들을 위해 아침 일찍 유부초밥을 수진 언니가 챙겨 왔다고 먼저 도착한 지희가 상황을 설명했다.

'아, 수진 언니 그녀의 위대함은 어디까지인가…….'
이제 경이롭다는 생각까지 들었다.

든든하게 배를 채운 운동원들은 이제 동문 선배를 마주하기 위한 역할을 배분했다. 1학년인 우리는 건물과 강당 앞에서 안내를 맡았고, 2학년 선배는 학교 정문과 후문, 그리고 건물까지의 각 이동 경로에 어깨띠를 매고 유도를 담당했다. 어깨띠까지 있다니 너무 본격적인 것 같아 더욱 긴장되었다. 4학년은 예배 인도 준비를, 3학년은 2부 순서 프로

그램을 준비를 담당했다.

　각자 배치된 자리에서 잠깐 기다렸다고 생각했는데 생각보다 시간은 빠르게 흘렀다. 홈커밍데이를 맞아 동문 선배는 8명이 모였다. 우리 운동원이 13명이었으니 적은 인원이 모인 것은 아니었다. 순서에 따라 무난하게 일정이 진행되었다. 그리고 가장 핵심 순서인 2부 순서로 교류의 시간이 이루어졌다.

　가장 먼저 어젯밤 나를 절망으로 몰아넣은 신입생 소개 시간이 주어졌다. 신입생 소개 시간에는 꼭 1학년이 아니어도, 올해 처음 동아리에 가입한 2, 3학년도 소개했다. 신입 2, 3학년 소개를 시작으로 간단한 자기소개가 이어졌다. 그리고 이어서 1학년 차례가 왔다. 2, 3학년은 장기자랑을 하지 않았다. 그리고 우리도 장기자랑을 하지 않았다. 그러나 동문 선배님들은 아무도 이상하게 생각하지 않았다. 위원장 오빠가 장난을 쳤다는 사실을 뒤늦게 깨달았다.

'하, 1학기 때 점잖다고 평가했던 거 취소다.'

이어서 동문 선배님의 소개가 있었다. 세상 각지에서 다양하게 최선을 다해 살아내고 있다는 것을 이야기에서 바로 느낄 수 있었다. 참 멋진 어른이라고 생각되었다.

이어진 2부 주제 토의 시간에는 「감소하는 기독교인 텅 빈 캠퍼스」라는 주제로 이야기가 진행되었다. 나는 모르는 과거이지만 위원장 오빠가 신입생인 시절, 즉 5년 전만 해도 우리 동아리도 실제 활동 인원이 30명가량 되었다고 한다. 지금은 고작 10명 남짓이니 절반 이상 준 것이다. 그런데 정말 문제는 이것이 비단 우리만의 문제가 아니라는 것이다.

전체적으로 국가 인구 감소로 인해서 학생 수도 점점 줄고 있는데, 거기에 더해서 예전처럼 종교가 오늘날 젊은 사람들의 사고방식과 달라서 기독교인 수는 급격하게 줄고 있다. 이에 우리 동아리 존속을 위한 조언을 선배님들로부터 얻을 수 있기를 희망하며 주제를 선정했다.

이야기는 위원장 오빠의 발제로 시작되었다. 오늘날 기독교 동아리에 대한 캠퍼스의 인식과 최근 3개년 동아리 가입 인원 및 실제 활동 인원을 분석한 그래프를 제시하며 설명했다. 위원장 오빠의 말에 의하면 우리 동아리는 빠르면 내 후년에 정족수를 채우지 못하여 폐부 될 예정이었다. 신입 부원 모집에 집중을 기해야 할 시점이었다.

사태를 기술하고 나니 우리는 물론이고 동문 선배님들의 표정도 어두워졌다. 그 마음을 전부 헤아릴 수는 없지만, 나의 가장 젊었던 시간을 보낸 곳이 없어진다는 것은 참으로 슬픈 일이 아닐 수 없었다.

함께 모인 21명은 사회자 한 명을 제외하여 5명씩 네 조로 이루어 주제 토의를 하기로 했다. 각 조는 현재 우리 동아리 실태를 잘 알고 대변할 수 있는 현역 부원과, 많은 경험과 노하우를 전해줄 수 있는 동문 선배를 섞어서 구성하였다. 우리 조는 짧았던 자기소개에 이어 다시 한번 서로를 소개하는 시간을 먼저 가지고 이야기를 이어갔다.

일단 올해 신입생 모집 인원과 올해 진행했던 모집 홍보

방법 등을 공유하고 예전에는 뭔가 더 특별한 방법을 한 적은 없었는지 물었다.

"우리 때에도 크게 다르지 않았어요. 그냥 입학일에 홍보하고, 홍보 기간에 홍보하고, 축제 기간에도 우리의 존재를 알리고. 뭐 특별한 것을 한 건 아니었어요. 그런데, 그럼 지금 예배는 어떻게 드리고 있나요?"

갑작스러운 주제 전환에 우리는 모두 멍해졌다.

'예배? 갑자기? 지금 예배가 아니라 인원 모집에 관해서 이야기하고 있는데'

아무도 말을 잇지 않자 선배가 이어서 말했다.

"인구가 줄고, 학생 수가 줄고, 기독교인 숫자가 줄고 했던 것은 사실 최근 일은 아니에요. 물론 조금 더 가속화되긴 했지만 그렇다고 전혀 새로운 일은 아니라는 말이에요. 이럴 때일수록 우리는 우리의 정체성을 찾아야 한다고 생각해요. 그게 바로 어떻게 예배할까 고민하는 자세라는 거지요. 형식을 갖춰서 매주 큰모임으로 드리는 예배, 공동체 안에서 드려지는 삶의 예배를 더욱 고민해봐야 해요. 요즘도 그런지 모르겠지만 우리 SFC를 학내 동아리로 유지하기에 최소 학기당 15명이 필요하죠? 인간은 창조된 자로 하나님의 긍휼을 필요로 하는 본성이 있는데, 아무리 학생 수가 줄었다 해도 창조된 본성에 끌리는 사람 열다섯이 없을까요? 그냥 안타깝게도 우리의 공동체가 공급처로 보이지 않을 뿐이에요. 우리의 예배가 바른 모습으로 비친다면 사람들은 모이게 되어있어요. 그래서 요즘 예배는 어떻게 드리고 있는지 물어본 거예요."

생각지도 못한 패러다임의 전환이었다. 사실 나는 맥락이 정확히 이해되지는 않았지만 다른 운동원들은 선배님이 하시는 말씀이 무슨 의미인지 확실히 아는 듯한 눈치였다.

"자! 모두 이야기를 잘 이해한 거 같으니 우리는 형식을 갖춰드리는 예배와, 삶으로 드리는 예배의 방법에 대해 적어볼까요?"

정적을 깨고 수진 언니가 앞에 놓인 전지를 본인 쪽으로 당겨왔다. 우리는 그렇게 한가득 예배의 방법들로 전지를 채워나갔다. 지금까지 드려 온 예배와는 전혀 다른 예배였다.

제목: 수료증

"이번 과목은 세시에 시험 치겠습니다."

엄숙한 분위기에 시험 시간이 공지되었다. 세시까지 공부를 마칠 수 있는 분량인가 싶어 책자를 넘겨보았다. 도저히 제 시간에 끝낼 수 있는 분량이 아니었다. 손목시계를 바라보니 시침이 정확히 2시를 가리키고 있었다. 다음 시험까지는 딱 1시간 남았다. 점심을 먹고 바로 1시간 특강을 듣고 난 뒤 이어서 바로 1시간 뒤에 시험이라니, 살인적인 일정이었다.

2학기 기말고사가 끝나고 날씨가 공기를 차갑게 얼리자 마치 시간도 멈춘 듯 어떠한 세리머니도 없이 방학이 시작되었다. 성인으로서의 첫해가 지나고 있었다. 한 해를 돌아보니 어엿한 성인으로서의 한 해를 보낸 것 같았다. 이제 진짜 어른이 된 것이다. 스스로가 대견했다. 내년은 더욱 잘 해낼 수 있을 것 같은 자신감이 생겼다. 저절로 주먹이 꼭 쥐어졌다.

'지잉지잉'

가방에서 휴대폰 진동이 느껴졌다. 수진 언니였다. 언니랑은 보통 톡으로 이야기를 했었어서 갑작스러운 전화에 갑자기 긴장되었다. 손에 때아닌 땀이 맺혔다. 조심스럽게 화면을 스와이프해서 전화를 받았다.

"네, 언니"

"응, 민하야 마지막 시험은 잘 봤어?"

난 수진 언니의 이 섬세함이 정말 좋다.

"네, 그럭저럭 봤어요! 언니는 시험 다 끝났어요?"

"아니, 아직 내일 하나 남았어. 공부하다 생각나서 연락해 봤어. 대학생 첫해 무사히 잘 보낸 거 축하해.”

“고마워요! 언니도 남은 시험 파이팅이에요!”

“응, 고마워. 그건 그렇고 민하 혹시 1월 둘째 주 수, 목, 금 시간 괜찮아?”

“다다음주네요, 네. 뭐 특별한 계획은 없어요.”

“그럼 알돌학교 신청해서 다녀오면 좋겠어. 내년에 민하 가 알돌을 했으면 하거든. 아무래도 뭐라도 배우고 하는 게 나을 것 같아서.”

알돌이라 하면 보통 3학년 선배들이 맡았던 직책이었다. 우리 동아리는 실제 활동하는 운동원을 몇조로 나누어 별도의 작은모임이라는 것을 가지는데, 그 모임을 대표하는 직책이 었다.

“네!? 알돌이요? 제가요!?”

방금 어른이 되었다고 스스로 대견하다고 생각했는데, 점 잖지 못하게 큰 소리를 내버렸다.

“제가 그런 걸 할 수 있나요!? 제 알돌이었던 상우 선배 는 성경도 잘 알고, 뭔가 모임도 잘 이끄는 능력이랄까 그런 게 있던데, 저는…….”

"그러니깐 알돌학교 다녀오면 어떨까 해서. 알돌이 부담스러우면 일단 학교라도 다녀와. 2학년 되면 더 바빠질 거야. 신청서는 내가 내줄게! 걱정 말고 준비만 해. 2박 3일인 거 알지?"

"네, 알고 있어요. 혹시 누구누구 가나요!?"

"글쎄, 다른 친구들도 물어봐야지. 일단 민하는 가는 거로 할게!"

"네…….."

수진 언니는 그 이야기를 끝으로 가기 전 건강관리 잘하라는 당부와 함께 서둘러 전화를 끊었다. 무언가 제대로 고민도 못 해보고 순식간에 어영부영했던 대답이 이렇게 큰 결과를 불러올 줄 그때 나는 알지 못했다.

그렇게 2주 전 다급하게 전화를 끊은 수진 언니의 전략에 우리 학교에서는 나 혼자 알돌학교에 왔다. 심지어 신청한 부산지역 학교를 통틀어서도 1학년은 몇 명 없었다. 불행 중 다행인 것은 1학년이 몇 명 없어서 1학년끼리는 금세 친해졌다. 막내라인이라고 시험에서 가점도 줬다. 가점 덕분에 F는 면할 수 있을 것 같다는 생각이 들었다.

알돌학교의 과목 대부분은 신학과 학생이 배우는 개론 과목을 압축한 내용이었다. 올해 처음 교회를 다니기 시작한 나로서는 하나부터 열까지 전부 생소한 이야기였다. 긍정적으로 생각하면 그만큼 내용이 흥미롭다는 것이지만 시험에서 성과를 얻는 것은 별개의 문제였다.

시간은 빠르게 흘러 어느새 시험 시간이 되었다. 시험에 대해 부담이 아예 없는 건 아니지만 그래도 오전 시험의 난이도가 높지는 않아서 긴장을 좀 덜었다. 보던 책을 덮고 빠르게 시험지를 받아 기억나는 대로 빈칸을 채워나갔다. 이번에 받아 든 시험지도 난이도가 높지는 않았다. 그렇게 2박 3일은 진짜 강의, 자습, 시험의 반복으로 빠르게 지나갔다. 매 저녁 예배 시간이 있었는데 예배 시간이 기다려질 정도로 빈틈없는 일정이었다.

마지막 날에는 수료식이 있었다. 수료생 대표 최고 득점

자의 한마디의 순서도 있어 마치 졸업식을 하는 느낌이 났다. 나도 막내라인 가점 덕분에 정상적으로 수료할 수 있었다. 쉽게 생각하면 단순히 동아리의 조장 같은 것을 맡는 일인데, 그것을 위해 이렇게 시간과 정성을 들이는 사람들과 함께 있다는 것이 자랑스러웠다. 2학년이 되면 기본적으로 1학년 멘티를 받을 것이다. 물론 1학년이 정상적으로 모집된다는 가정에 말이다. 하지만 여전히 2학년이 된다는 것에 실감 나지 않는 애매한 시기였다.

'수진 언니도 나와 같은 생각을 했을까?'

문득 수진 언니의 앳된 1학년 신입생 얼굴이 떠올랐다.

'나도 앞머리 넘겨볼까…….'

싱숭생숭한 마음에 괜히 앞머리를 넘기고 손거울을 들어 바라보았다. 추위에 빨갛게 익은 볼이 더욱 앳된 얼굴을 강조했다. 다시 머리를 가지런히 놓았다. 익숙한 얼굴이 거울에 비쳤다. 난 아직 1학년의 민하를 놓아주지 못했다.

♣ 빛을 따라 걸어온 우리들

일러스터의 말

이 책을 위해 그림을 그릴 수 있는 기회를 준 민하에게 고마웠어요. 개인 사정으로 꽤 많이 지체되게 하였는데 결국 이렇게 좋은 결실을 맺게 되어 기뻐요.

민하의 이야기를 따라가며 그 여정을 그리는 동안 민하가 신앙공동체를 처음 만났던 추억이 몽글몽글 떠오르면서 함께 경험했던 공동체의 의미를 되새기게 되었네요.

민하의 이야기가 또 다른 민하에게 위로와 희망이 되기를 바라며 그 여정에 작은 손길을 보탤 수 있어 감사했습니다.

민하 친구 예드

작가의 말

    민하는 참으로 평범한 친구예요. 인구 열에 일곱은 경험해 봤을 대학교 신입생에, 교우관계가 넓진 않지만 가장 친한 친구를 일컫는 소위 「소울 메이트」가 있고, 여느 신입생이 그렇듯 어쩌다 대학에 왔지만, 정확한 장래 희망은 없는…….

    이제 막 대학에 와서 또래 집단 외에는 모두 처음이라 어른과의 관계는 물론, 선후배 관계도 서툴고, 이성 친구와의 관계마저도 어설픈 완벽한 것 하나 없지만 절대 미워할 수 없는 사랑스러운 친구죠.

    그런 민하에게 지희를 통해 알게 된 새로운 공동체는 신선한 충격으로 다가와요. 그들은 자신의 삶을 묵묵히 지켜갈 뿐이지만, 민하에게는 특별하게 보이는 그 삶들이 조금씩 민하를 물들이기 시작하죠. 그 누구도 민하에게 그런 삶을 요구

하지 않는데 말이죠.

　민하가 경험한 특별함은 일상에 하나둘 녹아 사물의 형태로 각인 되었어요. 지우개에는 「커닝 추방운동을 통한 성실」이, 케이크에는 「환영 받았던 기억」이, 비에는 「함께 한다는 믿음」이 각인되는 그런 느낌이죠.

　민하의 신앙은 그렇게 단단하지 않지만 공동체로부터 오히려 자주 질문을 받았어요. 『어떻게 갑자기 그렇게 신앙이 생겼어?』라고 말이죠. 그 질문의 답을 위해 민하가 쓰기 시작한 것은 일기였어요.

　1학년의 민하는 일기를 통해 공동체에게 대답해요. 자신의 신앙은 공동체에 의해 시작되었고 공동체를 통해 자라났다고 말이죠. 그러니 이 일기는 공동체를 향한 감사이며 공동체를 향한 응원이자 위로예요.

　부디 민하의 마음이 지금도 어딘가에서 또 다른 민하를 마주하고 있는 공동체에게 자그마한 위로와 응원이 되었으면 좋겠답니다.

새로운 삶을 시작한 민하가

빛이 스며들던 하루들

글. 임민하 / 그림. 예드

인쇄 2025년 06월 10일

발행 2025년 06월 16일

발행인 이은선

발행처 반달뜨는 꽃섬 [서울시 송파구 삼전로 10길50]

연락처 010 2038 1112   E-MAIL itokntok@naver.com

ISBN 979-11-91604-53-5 (03230)